NADAL

LE GUERRIER ULTIME

GUILLAUME
LAGNEL

Photos de
CORINNE
DUBREUIL

AMPHORA

AVANT-PROPOS

Si quelqu'un m'avait dit, il y a dix ans, qu'en 2022, le journaliste et l'amoureux de tennis que je suis écrirais un ouvrage sur Rafael Nadal, je lui aurais ordonné de consulter dans l'heure.

Vous souvenez-vous du jeune Espagnol martyrisant ses adversaires sur la terre battue de Roland-Garros ? Ses premiers succès coïncident avec les débuts de ma carrière journalistique. J'ai beau avoir vécu sur les courts parisiens une multitude de ses sacres aux Internationaux de France, Rafael Nadal n'était pas vraiment le genre de sportif que j'admirais : des qualités physiques trop impressionnantes, un regard et une attitude qui semblaient trahir une assurance exacerbée, un jeu loin d'illuminer mes yeux. En résumé, le roi de la terre battue constituait le contre-exemple parfait de Roger Federer, dont la classe et la facilité me parlaient davantage. Tel était à l'époque mon ressenti.

Mais les années ont passé, et mon acuité, ma curiosité de journaliste sportif m'ont amené à porter sur la star ibérique un tout autre regard. Sa capacité à s'imposer sur les plus grands tournois m'a interpellé, celle de ne jamais se résigner a rapidement suscité chez moi un ébahissement que je n'ai eu qu'à l'égard de très rares champions.

Dans la nuit du 8 au 9 septembre 2019, après la victoire fantastique de Rafa en finale de l'US Open, ma décision était prise. Elle sonnait comme une évidence. Je me promettais, dès le lendemain, de sortir la plume et d'imaginer un ouvrage consacré à cet infatigable guerrier, à ce personnage unique en son genre, animateur de soirées tennistiques mémorables, de celles qui vous donnent des émotions jusqu'au bout de la nuit.

De ses débuts raquette en main à sa dernière victoire à Roland-Garros en 2022, vous découvrirez un champion aux multiples facettes, à la fois besogneux et terriblement doué, réservé et charismatique, sûr de lui mais aussi en proie au doute et à la peur.

Vamos !

SOMMAIRE

LES CHIFFRES MARQUANTS

22

Le nombre de tournois du Grand Chelem remportés par Rafael Nadal (2 Open d'Australie, 14 Roland-Garros, 2 Wimbledon, 4 Us Open)

92

Le nombre de tournois gagnés au cours de sa carrière

30

Le nombre de tournois remportés sans concéder le moindre set

36

Le nombre de Masters 1000 remportés

1063

Le nombre de victoires sur le circuit ATP depuis ses débuts professionnels en 2001 (pour 212 défaites)

890

Le nombre de semaines consécutives passées dans le Top 10, de 2005 à 2022

474

Le nombre de victoires sur terre battue (pour 45 défaites)

209

Le nombre de semaines passées au rang de numéro 1 mondial

CHAPITRE 1

UN JOUEUR UNIQUE

C'est toujours la même histoire avec les monuments du sport. On les admire, on les vénère pour les émotions qu'ils nous procurent, parce que leur génie nous éblouit. Et les mêmes interrogations reviennent inlassablement : on se demande si leur talent est inné ou si leur accomplissement est le fruit d'un long cheminement. Rafael Nadal n'échappe pas à la règle.

Sur l'Île de Majorque, située en mer Méditerranée, au large de Valence et de Barcelone, terre natale de Rafa, Jofre Porta est un personnage incontournable du tennis majorquin, un homme de l'ombre discret mais respecté. S'il dirige aujourd'hui une académie internationale de tennis, la « Global Tennis Team », il a connu bien d'autres activités : professeur de tennis à la Fédération espagnole, éducateur, commentateur sportif et coach. Son parcours l'a amené à travailler avec deux numéros un mondiaux : Carlos Moya, meilleur joueur de la planète pendant deux petites semaines en 1999, et Rafael Nadal. C'est l'oncle de ce dernier, Toni, qui lui a ouvert les portes. Nous sommes en 1994.

« Toni Nadal m'a dit : *Tu dois venir voir jouer mon neveu*, se remémore-t-il. Mais j'étais dubitatif parce qu'il m'était déjà arrivé de tomber sur des joueurs surestimés. Je suis donc allé voir Rafa avec une certaine défiance, mais, après l'avoir observé, je me suis rendu compte qu'il était spectaculaire. Il est rare que je m'extasie devant un joueur, que je voie un tennisman plus beau qu'il n'est parce que ce n'est pas bon pour lui. Mais quand j'ai vu son coup droit et son revers... C'était incroyable, je n'avais jamais vu ça ! Et il n'avait que huit ans... »

LES PRÉMICES DU CHAMPION

Après ce premier contact, Jofre Porta entame une collaboration avec Rafael et Toni Nadal en 1996, l'année des dix ans du jeune Espagnol. L'entraîneur majorquin restera huit années aux côtés du futur roi de la terre battue.

« Était-il un surdoué ? Difficile à dire. Mais c'était un petit garçon qui faisait des choses différentes des autres enfants. Il se déplaçait beaucoup

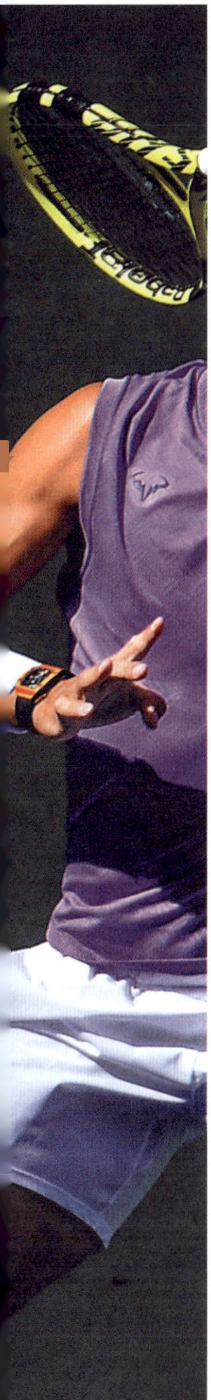

sur un court de tennis. Cela vient du fait que l'on insiste beaucoup sur la mobilité en Espagne. Cette qualité de déplacement lui permettait de prendre la balle très haut. Je n'avais vu cela que chez des joueurs plus expérimentés. Il était très offensif. Tous ces éléments donnaient l'impression qu'il était un joueur très spécial. J'ai également travaillé avec Carlos Moya, mais je n'ai jamais pensé qu'il était aussi bon que Rafa. »

> *« Quand j'ai vu son coup droit et son revers… C'était incroyable, je n'avais jamais vu ça ! Et il n'avait que huit ans. »*

Jofre Porta n'est pas le seul à avoir eu la sensation d'assister à la naissance d'un phénomène. L'ancien joueur Emilio Sanchez, qui dirige aujourd'hui une académie de tennis en Floride, se souvient encore de la première fois où il a vu Rafael Nadal : « On avait organisé un tournoi à Barcelone en 2002. Rafa y participait et l'a même remporté ! Il avait déjà un niveau incroyable. Il se déplaçait tellement bien sur le court qu'il arrivait à frapper la balle dans de bonnes conditions. Il jouait avec beaucoup de sécurité parce qu'il envoyait la balle très au-dessus du filet. En outre, il contrôlait parfaitement le rythme de ses matchs : il prenait l'initiative dans l'échange sur ses jeux de service, et sa qualité de retour était très bonne. Enfin, il pouvait mettre la balle où il voulait sur son revers. Je me souviens encore avoir appelé le responsable de la marque Head, en Autriche, pour lui dire de signer ce gamin incroyable ! Mais ils ne sont jamais parvenus à un accord. »

L'ancien joueur français Éric Winogradsky, aujourd'hui entraîneur national à la Fédération française de tennis, a retenu son souffle quand ses yeux ont découvert l'Ibérique, dans un tournoi satellite à Majorque. « Quand je me remémore cette rencontre incroyable contre le Français Dimitri Lorin, c'était facile de comprendre qu'un jour, il serait très fort. Il avait

> *Il possédait une qualité de frappe exceptionnelle par rapport à son gabarit. »*

beau lui rendre plusieurs centimètres et quelques kilos, n'avoir que quinze ans, c'était déjà un guerrier. Il possédait une qualité de frappe exceptionnelle par rapport à son gabarit. »

Juan Carlos Ferrero est une figure emblématique du tennis espagnol. Passé professionnel en 1998, il atteint à deux reprises la finale de Roland-Garros, soulevant même la Coupe des Mousquetaires en 2003. Il est, avec Carlos Moya et Rafael Nadal, l'un des trois joueurs ibériques à avoir été numéro un mondial. Il peut aussi s'enorgueillir d'un succès contre Rafa sur terre battue, le genre de victoire que vous mettez tout en haut de votre CV. À quarante-deux ans, Juan Carlos Ferrero s'est offert une chouette reconversion : il est aujourd'hui l'entraîneur du prodige Carlos Alcaraz, d'ores et déjà la nouvelle terreur du tennis espagnol. De six ans l'aîné de Rafael Nadal, il se souvient l'avoir rencontré en 2000 lors de la présentation de l'équipe d'Espagne en Coupe Davis. Ce dernier y tenait le rôle de porte-drapeau parce qu'il était « le meilleur de sa génération dans le monde avec Richard Gasquet et qu'il s'agissait d'une récompense pour ses performances », explique à l'époque Albert Riba, alors directeur technique national de la Fédération espagnole de tennis. Puis « lorsque Rafa a quinze ou seize ans », Juan Carlos Ferrero voit jouer pour la première fois son jeune compatriote. « On sentait bien qu'il serait un joueur incroyable. On pouvait deviner qu'il gagnerait plusieurs tournois du Grand Chelem, mais de là à imaginer une carrière avec autant de succès... Aujourd'hui, il en est à vingt-deux titres du Grand Chelem, et il peut encore en remporter. C'était quelque chose d'impensable à ses débuts. »

UN GARÇON PAS COMME LES AUTRES

À l'inverse du Français Richard Gasquet, considéré très tôt comme un surdoué du tennis, attendu comme le successeur de Yannick Noah — rappelez-vous de cette une de la revue *Tennis Magazine* avec ce titre resté dans les mémoires : *Richard G., 9 ans, Le Champion que la France attend ?* — le peuple et les médias espagnols ne voient pas ce gamin fluet comme la future étoile du tennis ibérique.
Journaliste depuis plus de vingt ans à la rubrique tennis du quotidien *L'Équipe*, Julien Reboullet tempère : « À quatorze ou quinze ans, il était un joueur encore perfectible techniquement. On sentait que son coup droit était pas mal, mais son service et son revers ne payaient pas de mine. »

L'actuel entraîneur de Rafael Nadal, Carlos Moya, n'est pas loin d'être du même avis. « À vrai dire, il ne m'a pas paru à ce moment-là particulièrement doué par rapport à d'autres joueurs de son âge. J'avais bien remarqué son côté très combatif, bien que ce qui m'ait encore le plus surpris fût son incroyable timidité. »

Frédéric Verdier, commentateur sportif depuis 1999, a perçu en Rafa quelque chose de particulier. « Je trouvais qu'il avait un jeu limité, mais que sa capacité à se battre sur tous les points était remarquable. L'état d'esprit qu'il affichait était incroyable. J'étais sûr qu'il deviendrait un bon professionnel et qu'il serait dur à battre. »

Comme le résume bien Julien Reboullet : « On voyait qu'il avait quelque chose dans son comportement, ce fameux *fighting spirit* qu'on lui a connu toute sa carrière ».

Rafael Nadal a quinze ans lorsque Jean-Christophe Verborg, directeur du marketing sportif chez Babolat, fait sa connaissance. Ce jour-là, le Majorquin s'entraîne en compagnie de Feliciano Lopez (douzième joueur mondial en 2015), Carlos Moya (numéro un mondial en 1999) et Sergi Bruguera (troisième joueur mondial en 1994). « Je me souviens que même pendant les changements de côté, il restait sur sa ligne, et à en juger son

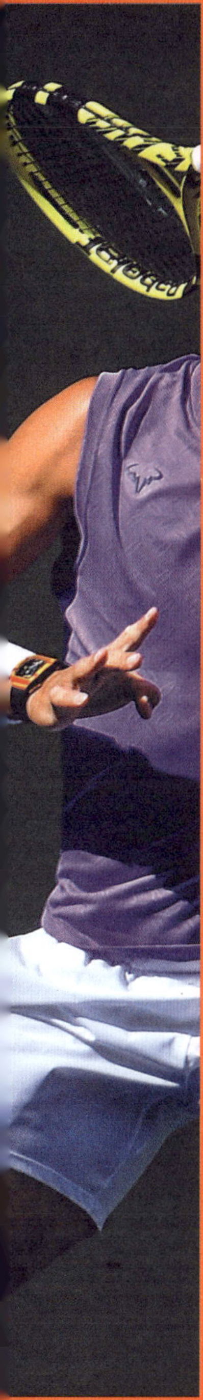

« À chaque fois qu'il joue au tennis, il fait une séance de musculation du haut du corps. »

regard dans les yeux, on sentait bien qu'il voulait en découdre ! Il avait du respect pour ses aînés, mais en même temps il faisait preuve d'une détermination rare. »

« C'était un enfant qui bougeait tout le temps, raconte Jofre Porta. Il était très actif. Mais il avait une grande capacité de concentration dès qu'il avait un but, et quand il jouait au foot ou au babyfoot, il était toujours très concentré. Il avait une capacité à voir les choses que les autres enfants ne voient pas. Lors d'un match en double, j'étais assis sur la chaise en tant que capitaine et, d'un coup, il a mis un smash de dos, un coup évidemment très difficile. Moi, j'avais une boîte avec des balles à l'intérieur. Celle-ci m'a échappé des mains, mais j'ai réussi à la rattraper avant qu'elle ne touche le sol. Quand il est revenu sur le banc, il m'a dit : *Oh, Jofre, tu t'es fait peur !* Il a été capable de faire un coup très difficile et en même temps de voir qu'une boîte de balles de tennis me tombait des mains. Franchement, je n'arrive pas à m'expliquer comment il peut être focalisé sur son match et en même temps voir ce qu'il y a autour de lui. Et c'est la même chose dans la vie de tous les jours. »

En 1999, Rafael Nadal se rend à Tarbes pour y disputer le tournoi des Petits As, une compétition ouverte aux joueurs et joueuses de moins de quatorze ans, officieusement considérée comme le Championnat du monde de cette catégorie d'âge. On y a vu l'éclosion de bien des champions : Michael Chang, Juan Carlos Ferrero ou encore Martina Hingis. Cette année-là, l'enfant de Manacor, accompagné de sa famille et de son oncle, réussit à se hisser jusqu'en quart de finale du tournoi. Mais il finit par s'incliner face au Français Richard Gasquet, son cadet de quinze jours.

« Je ne le connaissais pas du tout, avoue Jean-Claude Knaebel, fondateur du tournoi. Mais à partir du moment où il était l'un des quatre garçons sélectionnés par la Fédération espagnole de tennis, il y avait des chances que ce soit un bon joueur. Toni Nadal nous avait promis qu'il reviendrait l'année d'après pour aller chercher le trophée. »

« Ce qui m'a marquée chez lui, c'est qu'il avait déjà l'attitude d'un joueur professionnel, se souvient la journaliste sportive Charlotte Gabas, à

l'époque ramasseuse de balles pour le tournoi. Il mettait de l'intensité du premier au dernier point. Il n'y avait aucun moment de flottement. Il faisait preuve d'une concentration et d'une détermination que l'on retrouve encore aujourd'hui. »

> *Il avait une telle débauche d'énergie, une telle motivation, une telle rage... »*

Et un an plus tard, Rafael Nadal remporte le tournoi pour la première fois de sa carrière, en terrassant en finale le joueur français Julien Gély. « C'est notre chouchou à nous ! Il a marqué l'histoire du tournoi », rappelle fièrement Jean-Claude Knaebel.

Ces quelques souvenirs viennent nous rappeler qu'au début du XXIe siècle, ceux qui croisent la route du jeune Espagnol remarquent une chose profondément marquante : le Majorquin a du talent, mais il a surtout quelque chose en plus, une attitude conquérante que l'on retrouve rarement chez les jeunes joueurs qui n'en sont qu'aux balbutiements de leur carrière tennistique. Jean-François Bachelot n'a jamais affronté Rafael Nadal durant sa carrière professionnelle qui s'étend de 1996 à 2005. Mais quand il le voit pour la première fois, à seize ans, à Ségovie, il reste estomaqué.

« Il avait une telle débauche d'énergie, une telle motivation, une telle rage... Le sentiment que j'ai aujourd'hui, c'est que même s'il a pu être inspiré par d'autres grands champions, il s'est avant tout construit individuellement. Je le place dans la même catégorie que les Michael Jordan, Mohamed Ali, Teddy Riner ou Martin Fourcade. Quand vous le voyiez adolescent, vous vous disiez : *C'est un mec à part entière.* »

DE LA CREVETTE AU GLADIATEUR

De l'adolescence à l'âge adulte, il n'y a qu'un pas. Chez Rafael Nadal, il y a surtout plusieurs paliers franchis. Si vous avez eu la chance de le croiser dans votre vie, vous êtes certainement resté bouche bée. Il faut voir Rafa pour se rendre compte de la manière dont il est bâti. L'ancienne joueuse professionnelle Émilie Loit, admiratrice de la première heure du champion, estime qu'il est « un bloc, un joueur extrêmement musclé ». Et cette image d'un joueur au physique impressionnant est celle qui a marqué le grand public, dès lors qu'il commence à faire parler de lui, au milieu des années 2000.

Amusez-vous à visionner les images de sa victoire aux Petits As en 2000. À quatorze ans, Rafael Nadal ne ressemble pas vraiment à un golgoth.

« Physiquement, c'était une crevette, loin du joueur costaud que l'on a aujourd'hui, rappelle Julien Reboullet. Quand il débute chez les professionnels, en 2001, il est en déficit sur pas mal de paramètres : la taille, le poids, la production au niveau musculaire. Mais en prenant quelques centimètres et quelques kilos, il va complètement changer de dimension. » Rafael Nadal n'est pas parti de rien. Il y a comme un potentiel que l'Espagnol a su développer en rentrant dans l'âge adulte.

« Quand je l'ai vu adolescent, je le trouvais déjà très formé sur le bas du corps, raconte Jean-Bernard Fabre, ancien entraîneur de tennis, aujourd'hui docteur en physiologie et en biomécanique. C'est la culture espagnole : ils travaillent beaucoup cet aspect-là du jeu, ils font beaucoup de volume d'entraînement, donc ils ont la caisse. Le haut du corps était solide, mais pas autant que lorsqu'il a explosé au plus haut niveau. Ensuite, il y a eu la deuxième phase, au cours de laquelle il a développé le haut du corps parce qu'à mon sens, il manquait de force sur les balles qui lui arrivaient à hauteur d'épaule. »

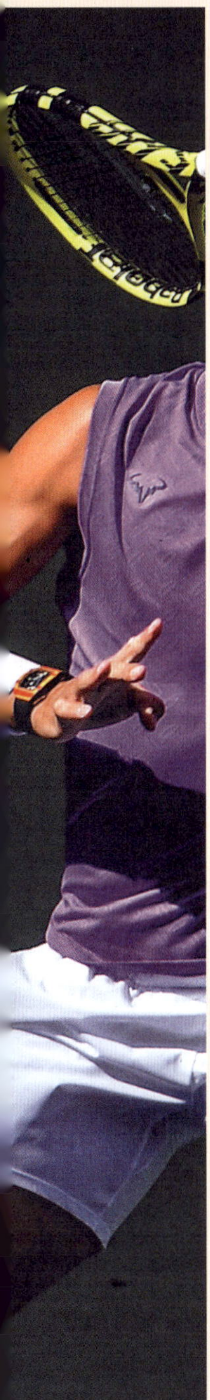

S'il y a bien une chose qui symbolise le physique de Rafael Nadal, c'est son biceps du bras gauche, très musculeux, qui faisait dire à Roger Federer qu'il n'aurait aucune chance de gagner un bras de fer face à l'Espagnol. Comment ce dernier a-t-il développé à ce point ce biceps gauche, qu'il n'hésite pas à arborer (fièrement ?) en portant des débardeurs ? Préparateur physique depuis plus de vingt ans, spécialisé dans le tennis, Sébastien Durand a son avis sur la question. « Il est certain qu'il a passé du temps en salle de musculation pour se renforcer, mais l'intensité de sa frappe et la vitesse du poignet et de l'avant-bras font qu'il sollicite énormément son biceps à chaque frappe de balle. En réalité, à chaque fois qu'il joue au tennis, il fait une séance de musculation du haut du corps. »

De fait, du haut de son mètre quatre-vingt-cinq pour quatre-vingt-cinq kilos, Rafael Nadal est devenu ce que l'on appelle une force de la nature, le symbole du sportif de haut niveau *nouvelle génération*, celui dont les qualités physiques semblent surpasser toutes les autres. Et forcément, au milieu des années 2000, cela dénote avec les autres tennismen.

« UN SENTIMENT D'INCOMPRÉHENSION QUI T'ENVAHIT »

En 2004, Rafa n'a que dix-huit ans, mais le capitaine de l'équipe d'Espagne de Coupe Davis, Jordi Arrese, fait appel à lui pour une demi-finale très attendue contre la France. À l'époque, les Bleus ont fière allure, avec dans leurs rangs Paul-Henri Mathieu, Fabrice Santoro, Michaël Llodra et Arnaud Clément. Le 26 septembre, ce dernier dispute face au Majorquin un match décisif.
« Malgré son jeune âge, il jouait avec beaucoup de puissance et commettait peu de fautes, confie l'ancien joueur tricolore. Physiquement, Rafael Nadal était déjà extrêmement solide. J'ai affronté beaucoup de joueurs du Top dix, mais contre lui, je me sentais démuni, presque impuissant. Il y a comme un sentiment d'incompréhension qui t'envahit. »

En dépit de l'enjeu et de l'inexpérience de Rafael Nadal, alors cinquantième joueur mondial, l'affaire sera vite pliée. Sur la terre battue d'Alicante, le

Français est dépassé et le score reflète la domination sans partage de l'Ibérique : 6-4, 6-1, 6-2.
Arnaud Clément n'a pas à rougir de cette défaite. Si en 2004, Rafael Nadal est encore loin d'être le joueur qui fera claquer des dents ses adversaires quelques années plus tard, le jeune tennisman est déroutant. Cette année-là, l'Espagnol s'était déjà offert quelques grands noms. Le plus illustre : le Suisse Roger Federer, alors numéro un mondial et perturbé à Miami par la puissance du gaucher.

René Stauffer se souvient de ce jour de mars 2004 comme si c'était hier. Et pour cause, ce journaliste suisse, passionné par le tennis, a suivi de très près la carrière de Roger Federer. Il a consacré deux ouvrages à celui qui est considéré comme un dieu vivant dans son pays : *Roger Federer, la quête de la perfection*, ainsi qu'une biographie officielle. « Je suis dans les tribunes ce jour-là. C'est la toute première fois que Roger Federer et Rafael Nadal s'affrontent. Le Suisse venait de remporter le tournoi d'Indian Wells contre le Britannique Tim Henman. Mais il attrape un coup de soleil en Californie et il est malade tout au long de son déplacement entre Indian Wells et Miami. À vrai dire, il ne supportait pas bien la chaleur. Il est contraint de passer une nuit à l'aéroport tellement il ne se sent pas bien. Quand il arrive à Miami, il veut se retirer du tournoi, avant de changer d'avis. Il bat le Russe Nikolay Davydenko lors de son premier match et affronte au tour suivant Rafael Nadal. On avait déjà entendu que ce gamin était fort, il avait quand même dominé Carlos Moya l'année précédente à Hambourg. Ce soir-là, je vois Rafa sous les lumières pour la première fois. Un jeune homme aux cheveux longs, portant un débardeur rouge et un bandana sur le front, arrive sur le court. Son physique très athlétique est impressionnant et pour ainsi dire inhabituel. Et même si Roger Federer n'est pas à cent pour cent, on voit très vite que Rafael Nadal vient d'une autre planète ! On était tous un peu choqués de voir un joueur si jeune taper la balle si fort. Il ne s'est pas retenu, a dicté le jeu et son adversaire n'a jamais trouvé la solution. Il méritait amplement la victoire. C'est une performance qui relève de l'insolence. »

Croquer tout cru la légende qu'est Roger Federer à dix-sept ans, qui plus est en deux sets (6-3, 6-3), cela vous place un homme. Mais cette victoire marquante nous en apprend beaucoup sur l'intelligence du Majorquin : il

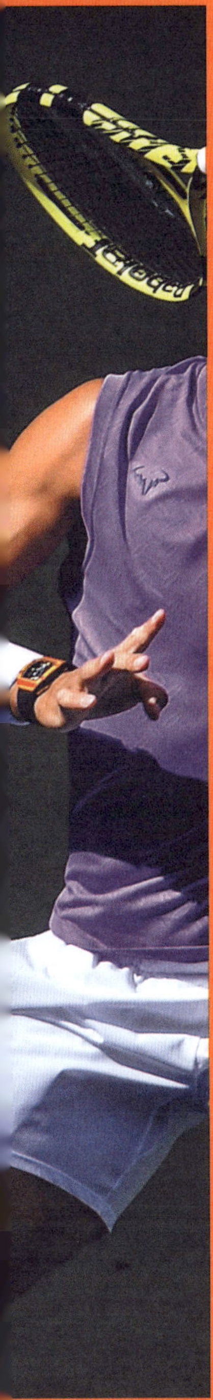

« C'est un très bon mélange entre de la vitesse, un bon coup d'œil, une excellente coordination gestuelle, un très bon équilibre, une explosivité exceptionnelle. »

n'est pas devenu un athlète pour impressionner ses adversaires ou faire la une des magazines *people*. L'Espagnol est bien plus pragmatique : il met ses qualités physiques au service de son tennis.

« Il y a un élément qu'on a tendance à oublier : le tennis est un sport. Ce qui veut dire qu'en mettant autant d'intensité à chaque entraînement et sur chaque frappe de balle, Rafael Nadal travaille son physique, explique Sébastien Durand. En jouant au tennis, il améliore la force de ses jambes. En cherchant à exploser la balle, il bonifie la force de son haut du corps. Il travaille sa vitesse en allant chercher des balles lointaines. Il ne faut pas oublier qu'on peut travailler sur le terrain ! De ce que j'ai pu observer, il est aujourd'hui beaucoup plus dans la prévention vu son âge, mais il entretient ses qualités physiques de base en jouant, tout simplement. »

Paul-Henri Mathieu, douzième joueur mondial en 2008, peut témoigner de la difficulté d'un duel avec Rafael Nadal. À défaut d'avoir battu le Majorquin à Roland-Garros — seuls deux joueurs y sont parvenus, le Suédois Robin Söderling et le Serbe Novak Djokovic — il le pousse dans ses retranchements lors d'un combat titanesque resté dans les mémoires. Mais ce 3 juin 2006, c'est le Français qui cède, comme tant d'autres après lui, à l'issue d'une bataille de près de cinq heures contre un gamin qui fête ce jour-là son vingtième anniversaire.

« Tu as l'impression de voir un camion qui t'arrive dessus quand tu l'affrontes, explique l'actuel directeur du haut niveau à la Fédération française de tennis. Il dégage une puissance physique phénoménale, un engagement sur chaque frappe qui est hors norme. C'est tellement dur de le jouer... parce qu'il vous impose une pression constante. »

LA RÉSISTANCE À L'EFFORT

Malgré les années et ses innombrables blessures, Rafael Nadal a réussi à conserver une force physique toujours aussi impressionnante.
« Il est toujours très solide du bas du corps, il a des cuisses très puissantes, très fortes, mais sur le haut du corps, il est plus fin, remarque

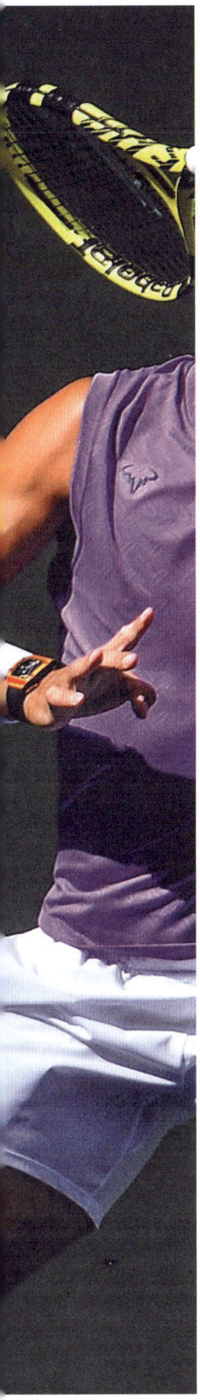

Jean-Bernard Fabre. On voit bien la morphologie des joueurs de tennis aujourd'hui : vous prenez Roger Federer ou Novak Djokovic, ils sont très élastiques, très droits, avec cette posture un peu comme un cintre, les épaules bien fixées vers l'arrière. Cela permet d'avoir plus d'amplitude de mouvement, et plus on a d'amplitude, plus on va frapper fort dans la balle. Je pense aussi que Rafael Nadal a perdu du poids en raison de ses problèmes de genoux et des différents soucis physiques auxquels il a dû faire face. Il se devait de réduire les contraintes qu'il y a sur ses articulations. Ce qui me fait dire que son physique a énormément évolué : on est parti d'un physique très musculeux à un physique toujours puissant, mais qui s'est rapproché, sur le haut du corps, du morphotype classique du joueur de tennis. »

Paul Quétin, préparateur physique à la Fédération française de tennis, a étudié le Taureau de Manacor sous toutes les coutures. Et il n'est pas le moins dithyrambique. « On peut penser, en toute objectivité, qu'il perd un peu en termes de qualité musculaire et physique avec les années. Il va peut-être rester aussi explosif, mais moins longtemps dans le temps. Mais il reste à un niveau physique qui est exceptionnel. Il est fort du haut du corps, mais je crois que ça part beaucoup des jambes. Il a une qualité musculaire au niveau du bas du corps qui est phénoménale. Et à l'image de Novak Djokovic, cela se traduit par une énorme couverture du terrain. Est-il un peu moins performant que quand il avait vingt-sept ans ? On peut l'imaginer, mais la différence reste minime. Les joueurs compensent par autre chose : l'expérience, la connaissance de leur corps, etc. »

En cela, Rafael Nadal incarne le tennis d'aujourd'hui.
« C'est un très bon mélange entre de la vitesse, un bon coup d'œil, une excellente coordination gestuelle, un très bon équilibre, une explosivité exceptionnelle, notamment au niveau du poignet qui a un rôle fondamental quand il frappe en coup droit, ajoute Sébastien Durand. Pour arriver à ce niveau-là, c'est qu'il n'a pas de défaut physique. On ne peut pas se permettre d'être lent ou d'avoir un manque d'explosivité. Et je n'oublie pas son incroyable résistance à la fatigue. »

ARRO

La fatigue ? Il connaît pas, Rafa. L'Espagnol est un monstre d'endurance. Sa propension à jouer de longs marathons n'est plus à démontrer. Et tous les joueurs qui ont essayé de jouer la carte de l'usure physique s'y sont bien souvent cassé les dents.

Karen Khachanov, classé au huitième rang mondial en 2019, a croisé la raquette à huit reprises avec Rafael Nadal. Il n'a jamais gagné un duel, mais leur rencontre à l'US Open, en 2018, fut un bras de fer féroce et disputé.

« Il est certain qu'il est vraiment bien préparé physiquement, affirme l'excellent joueur russe. Même s'il prend de l'âge — il est d'ailleurs bien plus âgé que moi — sa principale arme, c'est d'avoir de l'endurance en plus d'être fort physiquement. De pouvoir courir pendant des heures. Il l'a déjà montré, au-delà des matchs contre moi.
Quand il joue la demi-finale de l'Open d'Australie en 2009, de plus de cinq heures, puis la finale en quatre heures contre Roger Federer... C'est quelque chose de complètement fou de faire ça en deux jours ! J'aimerais beaucoup connaître son secret, et à vrai dire je ne sais pas ce que c'est... Il ne me le dira sans doute jamais ! Il est l'un des athlètes les plus forts du circuit. Il le démontre avec son style de jeu et sa capacité à jouer des matchs à rallonge. Et à les gagner très souvent. »

LE COUP DROIT POUR ASSOMMER

Rafael Nadal est donc ce colosse qui vous étourdit grâce à son physique impressionnant, ce mur qui ne cesse de grandir à mesure que vous le gravissez. Mais si le natif des Baléares a renversé bien des montagnes au cours de sa carrière, c'est aussi parce qu'il est parvenu à se doter d'un coup droit phénoménal : une arme redoutable qui permet au Majorquin d'imposer son rythme, à coup de grandes gifles qui laissent ses adversaires bien souvent démunis.

« Il a la même préparation que beaucoup de joueurs. Dans un premier temps, il amène sa raquette avec son poignet vers son oreille. Il continue cette préparation jusqu'à ce que sa raquette parte derrière lui afin d'avoir

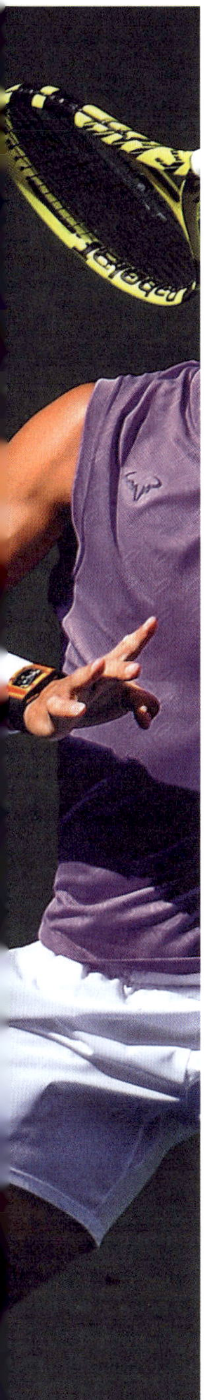

de l'amplitude, détaille Rodolphe Gilbert, ancien joueur et jadis entraîneur de Gilles Simon, Marion Bartoli ou Kristina Mladenovic. Ensuite, en fonction de la balle qu'il va devoir jouer, il descend la tête de sa raquette, et dans le même temps, casse le poignet vers le bas pour mettre du lift. Là, il traverse la balle en passant la tête de sa Babolat devant lui. La fin de son mouvement, c'est sa marque de fabrique : il ramène sa tête de raquette vers son épaule droite, mais au lieu de terminer son geste à ce moment-là, sa raquette va repasser au-dessus de sa tête, comme un lasso. C'est son fameux coup droit lasso : un coup qu'il utilise davantage sur terre battue que sur dur. »

Ancien joueur, puis entraîneur indépendant jusqu'au niveau international, Fabrice Sbarro se décrit aujourd'hui comme un statisticien et expert data, ce qui lui a valu de collaborer avec Daniil Medvedev et son entraîneur, le Français Gilles Cervara. Il est un tel passionné de tennis qu'il a consacré à la discipline des milliers d'heures. Il a aussi sorti un ouvrage intitulé *Tennis - Quel joueur êtes-vous ?* (Éditions Amphora 2018) qui propose à tout joueur d'optimiser sa performance par le biais d'une étude scientifique qui se concentre sur les cent meilleurs joueurs au monde. Fabrice Sbarro a décortiqué des milliers de matchs sur le circuit, dont plus de deux-cents rencontres disputées par Rafael Nadal entre 2005 et 2022, soit une analyse minutieuse de 27 880 points... Ce qui constitue un panel assez représentatif de l'œuvre de l'Espagnol, vous en conviendrez.

« Si je me réfère à toutes mes statistiques et aux classements que j'ai pu faire sur les joueurs ayant les meilleurs coups droits, Rafael Nadal est clairement le numéro un, explique-t-il. L'Espagnol dispose d'un double avantage : il réalise avec son coup droit plus de points et moins de fautes que ses adversaires. Il est donc à la fois plus agressif et plus solide en défense. En moyenne, Rafa fait 20 % de points en plus et 30 % de moins de fautes directes. Par point, il faut comprendre : coups gagnants [l'adversaire ne parvient pas à toucher la balle] et points provoqués [l'adversaire touche la balle mais il n'arrive pas à la renvoyer de l'autre côté du court]. Donc si le joueur en face de Rafael Nadal réussit dix points, ce dernier en fait douze. Si on compare avec Roger Federer, par exemple, il est intéressant de constater que le Suisse fait plus de points en coup droit que ses adversaires, mais aussi plus de fautes. »

Le Russe Daniil Medvedev connaît par cœur le coup droit du Majorquin. Il a joué plus de dix heures en cumulé lors des deux finales de Grand Chelem qu'il a perdues contre l'Espagnol, à l'US Open 2019 et à l'Open d'Australie en 2022. « Toutes les frappes de Rafael Nadal sont dures à jouer, reconnaît celui qui, en 2022, a accédé au rang de numéro un mondial. Que ce soit une amortie, un lob, un premier service, il essaiera toujours d'exécuter le coup du mieux possible. Mais c'est vrai qu'en trouvant des zones incroyables, son coup droit lui permet de remporter des points que tu pensais avoir gagnés. »

« En coup droit, il est capable de faire des points dans toutes les directions : le long de la ligne, croisé, décroisé, en décalage le long de la ligne, détaille Fabrice Sbarro. Il a un ratio de points au-dessus de la moyenne. Il en fait plus que ses adversaires partout. Et il effectue moins de fautes dans deux directions : en coup droit croisé et en décalage le long de la ligne. Rafa est donc capable de faire mal à son adversaire dans toutes les directions, mais il domine aussi avec son coup droit quelle que soit la longueur de l'échange : que ce soit un point court — premier coup après le service —, un échange moyen — entre cinq et huit frappes — et un point long — plus de huit frappes. »

FAIRE TOMBER LE TAUREAU

Étant donné les qualités tennistiques et physiques développées par Rafael Nadal, ses adversaires n'ont jamais eu face à lui une énorme marge d'erreur. Par la force des choses, l'Espagnol a obligé ses rivaux à trouver des parades. Ce n'est évidemment pas si simple, mais les solutions existent. Le revers a longtemps constitué le talon d'Achille de Rafa, pour l'ex-joueur Arnaud Di Pasquale, battu en deux sets lors de leur unique affrontement à Sopot, en 2004. « Franchement, si tu arrivais à le neutraliser sur son revers, son coup le plus faible, tu avais l'impression d'avoir une chance face à lui... »

Olivier Mutis, unique joueur français à avoir battu Rafa sur terre battue, à Palerme, en 2004, avait trouvé le schéma de jeu adéquat.
« Face à lui, l'objectif était assez simple : il s'agissait de jouer tout le temps sur son revers, son coup le plus friable dans ses premières années,

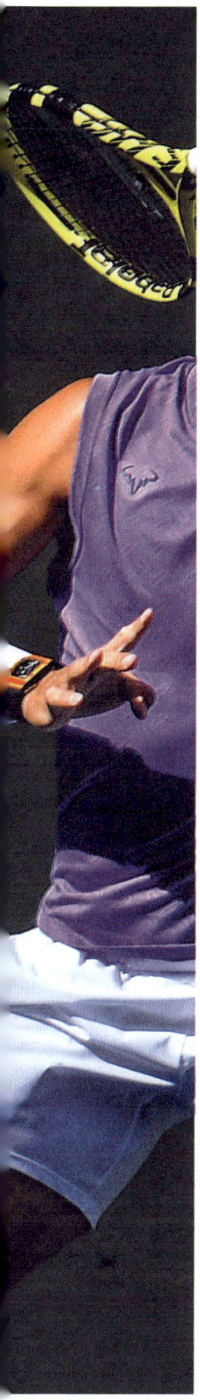

explique-t-il. Il y avait vraiment moyen de faire quelque chose de ce côté-là, de l'agresser, et même de faire quelques services-volées en slice. Je me souviens que ça le gênait beaucoup. »

Mais ça, c'était lors des débuts de Rafa. Bien avant qu'il n'ait un jeu bien plus consistant.

David Goffin fait partie de ces joueurs encore en activité à avoir battu au moins deux fois le Taureau de Manacor (ils sont dix-neuf au total, dont le Français Gael Monfils). Vainqueur de l'Espagnol au Masters de Londres, en 2017, puis en Australie, lors de l'ATP Cup, en 2020, le Belge s'est même offert le luxe de bousculer Rafael Nadal sur terre battue, à Madrid, en 2022. Deux victoires contre le Taureau de Manacor, ce n'est pas donné à tout le monde, et cela signifie que vous n'êtes pas dépourvu d'idées avant de l'affronter. « Dès qu'on est un peu trop loin de sa ligne de fond de court, on lui laisse l'occasion de prendre son temps, de s'ouvrir le court pour jouer très long, très lourd, trouver des angles et faire courir son adversaire. Et dans cette configuration, il est sans doute le meilleur au monde ! Comme sait le faire Novak Djokovic, il faut couper les angles, prendre la balle tôt, être agressif et le faire courir le plus possible. Et même en faisant cela, parfois, ça ne suffit pas... C'est très dur à réaliser étant donné que sa balle est difficile à contrôler, surtout sur terre battue. »

Imaginez donc, après avoir dit tout cela, la fierté de tout joueur de tennis qui fait tomber le monstre espagnol... Steve Darcis y est parvenu, une fois, en 2013, lors du tournoi de Wimbledon. Et en trois petits sets, s'il vous plaît ! Le vingt-quatre juin 2013, Rafael Nadal, déjà double vainqueur sur le gazon londonien, va se faire surprendre par le joueur belge, cent-trente-cinquième au classement et qui n'avait jusque-là gagné qu'une seule rencontre dans toute sa carrière à Wimbledon. « C'était un match incroyable, se souvient Steve Darcis. Quand tu joues contre Rafael Nadal, tu sais que tu vas devoir faire un match un peu au-dessus de ton niveau, tu espères que lui ne va pas être dans un grand jour parce que si c'est le cas, tu sais que tu ne passeras pas. Tu es dépendant de beaucoup de paramètres. Je me souviens que le début du match s'était bien passé, j'ai su rester au contact, c'était vraiment très accroché. Il fallait de toute façon que je joue mon jeu, avec beaucoup de variations, essayer de l'agresser dès que j'étais à l'intérieur du court, m'évertuer à aller au filet dès que j'avais la moindre occasion… Il fallait à tout prix que je ne reste pas au fond du court, à faire des gauche-droite, sinon je ne m'en serais pas sorti. On a joué trois sets sur gazon, et au final le match a duré trois heures (*deux heures et cinquante-cinq minutes précisément*). Tous les jeux étaient vraiment accrochés et le match était très serré jusqu'à la fin. Mais les planètes étaient alignées : moi j'ai fait un grand match, je n'ai pas raté grand-chose, lui était à coup sûr un peu moins bien, et j'ai réussi à saisir ma chance. C'est clair que ce match restera dans un coin de ma tête jusqu'à la fin. Aujourd'hui, on sait tous que quand il commence à diriger l'échange avec son coup droit, c'est extrêmement compliqué. Il y a beaucoup de joueurs qui essayent de le neutraliser sur son revers, mais c'est un coup qu'il a beaucoup amélioré. Si je dois donner un conseil pour le battre, c'est essayer de l'attaquer sur son coup droit et saisir chaque opportunité pour accélérer, monter, essayer de ne pas trop le laisser jouer… Mais c'est très compliqué. C'est pour cela que les meilleurs joueurs au monde sont très difficiles à battre. Même si tu as un plan de jeu, quelques idées sur la manière dont il faut jouer, ils ont cette capacité à te faire rentrer dans leurs filières de jeu, et une fois que tu y es, c'est difficile d'en sortir. »

TALENT ET TALENT

N'en jetez plus… Faut-il intégrer Rafael Nadal dans le cercle des tennismen les plus talentueux ? Au-delà de son palmarès, quelle place doit-on lui réserver dans l'histoire du tennis ?

Jean-François Bachelot n'est pas tombé instantanément sous le charme du Majorquin. « C'est très personnel, mais avec la façon dont je jouais et la conception que j'ai du tennis, je ne trouvais pas chez lui quelque chose que j'appréciais. Dans ses premières années, il était très défensif, très loin derrière la ligne de fond de court, mais avec une couverture de terrain incroyable. C'était très dur de faire un coup gagnant avec lui. Mais il faut rappeler que c'est un joueur qui a fait énormément évoluer son jeu par la suite. »

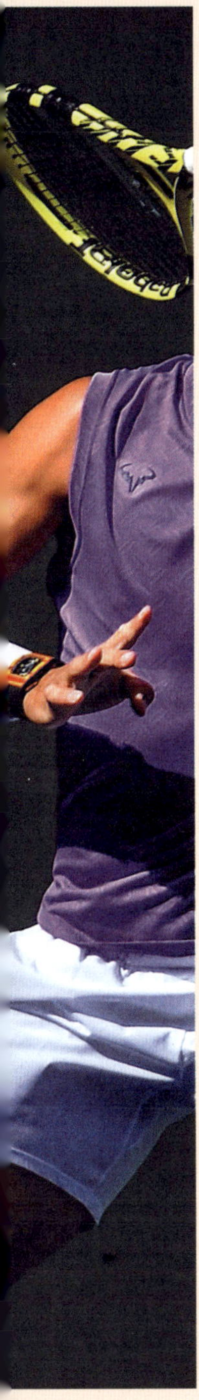

Rafael Nadal a longtemps souffert de la comparaison avec son grand rival Roger Federer, dont le jeu plus relâché, plus aérien est considéré par beaucoup comme bien plus esthétique. Mais aujourd'hui, la perception que l'on a de l'Espagnol semble avoir évolué.

« Souvent, le spectateur lambda, qui connaît sans connaître le tennis, a tendance à placer Rafael Nadal derrière les autres stars, explique Olivier Mutis. Nadal serait un bourrin, qui base son jeu sur le physique, mais je pense que même ces spectateurs se sont rendu compte de son talent incroyable. Je trouve qu'il s'agit d'un beau pied de nez à tous ces gens qui l'ont catalogué comme une brute physique. Pendant longtemps, c'était Roger Federer l'exemple et Rafael Nadal le contre-exemple physique. Je pense que maintenant, les compteurs sont à zéro et on se rend compte de toute la panoplie qu'il possède. »

Laissons le mot de la fin à Jean-Paul Loth, ancien capitaine de l'équipe de France de Coupe Davis entre 1980 et 1987, et qui poursuit sa longue carrière de consultant sur *Eurosport*. « Le Majorquin possède un physique hors du commun, un tennis hors du commun, dit-il. On peut discuter longtemps de la notion de talent. Pour moi, un joueur qui sait renvoyer la balle dix ou quinze fois dans le court en sachant où il la met a autant de talent qu'un type qui envoie un coup puissant et finit l'échange en un coup. Alors oui, il y en a un qui est plus spectaculaire, mais je suis très partagé sur le fait d'accorder plus de crédit à l'un ou à l'autre. C'était déjà la même histoire à l'époque de Björn Borg : on disait qu'il avait moins de talent que John McEnroe, mais je n'en suis pas si sûr. »

Ce qui l'est, en revanche, c'est que l'Espagnol a profondément marqué l'histoire de ce sport. À sa manière, comme l'a fait remarquer... John McEnroe, qui distille ses analyses aux téléspectateurs d'*Eurosport* : « C'est vrai, Rafa n'a pas la grâce aérienne de Federer, mais son style de jeu a la beauté d'une éruption volcanique ». Voilà qui est joliment dit.

CHAPITRE 2

LE COMPÉTITEUR NÉ

Quelle est la chose la plus marquante chez Rafael Nadal ? Son physique avantageux ? Difficile de ne pas le voir comme nous l'avons évoqué précédemment. Ses *vocalises* lorsqu'il effectue un coup droit puissant ? Sauf surdité, impossible de ne pas les entendre. Ses manies compulsives ? Certains se demandent encore si l'Espagnol ne vient pas d'une autre planète. Mais efforçons-nous de pousser un peu plus loin notre réflexion. « Pourquoi la graine de Rafa a-t-elle explosé d'une façon aussi spectaculaire ? questionne Joan Forcades, le préparateur physique de la star espagnole. Le premier endroit où chercher est dans la partie du corps qui est la plus fragile ». Comprenez la tête.

Interrogé par le média chilien *La Tercera*, lors d'une tournée d'exhibition en Amérique du Sud fin 2019, l'immense Roger Federer n'a-t-il pas décrit le joueur parfait de la manière suivante : « Il devrait avoir le coup droit de Fernando Gonzalez, le toucher de Marcelo Rios, le service de John Isner ou de Pete Sampras et le revers d'André Agassi ou de Novak Djokovic. Avoir la volée de Stefan Edberg ou de Rod Laver, le calme de Björn Borg et un esprit de combattant comme celui de Rafael Nadal ». Cette faculté qu'a développée le Majorquin à devenir un guerrier des courts est une force, qui, en dépit de nombreux aléas, ne s'est jamais démentie.

Combien de joueurs peuvent se targuer d'avoir en eux cette capacité à ne jamais rien lâcher dans une rencontre, à ne jamais vouloir renoncer ? Combien de tennismen, aussi talentueux soient-ils, ont rendu les armes face à l'obstination de l'Espagnol ? C'est bien simple : la star ibérique semble appartenir à cette caste de champions qui ne veulent jamais connaître la défaite. Il la rejette, aussi loin qu'il le peut, comme si elle représentait une tache à jamais indélébile sur cette fresque monumentale qu'il s'évertue à peaufiner, depuis ses débuts professionnels, en 2001. La joueuse française Alizé Cornet, onzième joueuse mondiale en 2009, a trouvé la formule parfaite : « J'ai l'impression qu'à chaque fois qu'il joue, sa vie est en jeu ». Cela ne fait pas forcément de Rafael Nadal un ovni. Arnaud Clément, sacré combattant en son temps, aime rappeler l'incroyable guerrier qu'était l'Australien Lleyton Hewitt, numéro un mondial en 2001 et 2002. « C'est simple : ils ont tous deux développé très jeunes cette capacité à jouer tous les points à cent pour cent. »

« CE MEC RAMÈNE TOUT ! »

L'ancien tennisman espagnol Juan Carlos Ferrero, vainqueur de Roland-Garros en 2003, et promis au début du nouveau millénaire à quelques sacres de plus sur la terre battue parisienne (avant que la tornade Nadal ne déferle), a goûté à ce *fighting spirit* dès 2004. Il se souvient : « Lors de la Coupe Davis que nous gagnons, il semblait déjà passionné par l'enjeu. La manière avec laquelle il encourageait ses coéquipiers démontrait déjà une mentalité de compétiteur et de champion ».

L'entame de carrière de Rafael Nadal est révélatrice de cet état d'esprit, à l'image de ce match contre son compatriote Israel Matos Gil, remporté en septembre 2001 par le Majorquin, dépourvu de tout complexe, à quinze ans seulement. Sur le site officiel de l'ATP, l'Ibérique se remémore le jour où il affronte celui qui allait devenir l'un des phénomènes de la planète tennis. « J'avais entendu parler d'un joueur qui se débrouillait très bien pour son âge. Un jour, je l'ai vu disputer un match à Madrid contre Guillermo Platel, qui était l'un de mes camarades d'entraînement. Alors qu'il avait eu plusieurs balles de match, Rafael Nadal s'était incliné, sans pour autant perdre son sang-froid sur le court. Le lendemain, quand je suis arrivé sur les terrains à huit heures, il s'entraînait déjà. Cela m'a heurté qu'un joueur qui venait de perdre un match aussi difficile la veille soit le premier sur le court.

Je me suis dit qu'il fallait que je suive ce type. Son comportement sur le terrain était tout simplement incroyable. Comment un gamin de son âge peut voir les choses avec autant de clairvoyance ? Comment parvient-il à avoir une attitude aussi mature ? C'est comme s'il avait l'habitude de jouer ce type de tournois. Lors du match que j'ai joué contre lui, il a célébré le moment où il a pris mon service en soulevant son poing et son genou. C'était du pur Nadal tel qu'on le connaît aujourd'hui. Un mix de passion et de détermination, au service d'un unique objectif : la victoire. Il y a eu des moments tendus dans cette rencontre. Mais il savait toujours comment jouer les points importants. Cette attitude n'était pas habituelle. Il y avait à l'époque beaucoup de bons joueurs de son âge, mais Rafael

> *J'ai l'impression qu'à chaque fois qu'il joue, sa vie est en jeu. »*

Nadal était différent. Il était un gamin de quinze ans qui se comportait comme un jeune de vingt ans. Comme s'il avait beaucoup plus d'expérience qu'il n'en avait vraiment. Quand on s'est serré la main, à la fin du match, j'étais évidemment déçu, mais ce n'était pas une colère habituelle. Je venais de perdre contre un jeune joueur qui avait un comportement spécial sur le court. Je l'ai félicité comme je l'ai rarement fait après une défaite. La manière dont il a dominé le match mentalement et sa capacité à contrôler ses émotions étaient stupéfiantes. »

En s'imposant 6-4, 6-4, Rafael Nadal, alors non classé, grappille ses premiers points sur le circuit ATP. Mais là n'est pas l'essentiel.

Nous ne le savions évidemment pas, mais nous n'avions pas fini d'entendre parler de ce drôle de combattant des courts. Reprenons la machine à remonter le temps. Arrêtons-nous-en 2007, lorsque Éric Winogradsky entraînait le Français Jo-Wilfried Tsonga, alors joueur en devenir. « En 2007, Rafael Nadal et Jo s'affrontent pour la première fois, à l'US Open. Ce dernier fait un bon match, mais finit par s'incliner en trois sets : 7-6, 6-2, 6-1. Je me souviens encore de ce qu'il m'a dit après la rencontre : *Ce mec ramène tout ! Tu dois jouer au minimum trois ou quatre coups de raquette supplémentaires par rapport à tous les autres joueurs !* »

L'année suivante, le Français et l'Espagnol s'affronteront à deux reprises. Le premier duel, en demi-finale de l'Open d'Australie, s'avère être une démonstration de force, un chef-d'œuvre pondu par Jo-Wilfried Tsonga. Révélation du tournoi, le Manceau est sur un nuage pendant une heure et cinquante-six minutes. Imperturbable, comme invincible ce jour-là, il fera passer le Majorquin pour un vulgaire joueur du dimanche. Le score final se passe de commentaires : 6-2, 6-3, 6-2. Des matchs dans lesquels

Rafael Nadal a été à ce point dominé, ils se comptent sur les doigts des deux mains.

Deux mois après cette rencontre à sens unique, les deux joueurs se retrouvent en huitièmes de finale du tournoi d'Indian Wells. Éric Winogradsky est toujours en tribunes aux côtés du tennisman français.

« On savait que le style de jeu de Tsonga le mettait vraiment en difficulté. Et comme à Melbourne, Jo fait un gros match et mène cinq jeux à deux dans le troisième et dernier set. Je peux vous dire que lors du changement de côté, quand Rafael Nadal a posé sa serviette dans le coin, juste devant moi, il n'avait pas du tout la tête de celui qui considérait que les carottes étaient cuites ! Le match reprend, Rafa remporte le premier point d'une manière improbable, en défendant sur un ou deux smashs d'affilée. Finalement, il a débreaké Jo et a remporté le match. Et pourtant, mon joueur avait fait une superbe prestation. Ce qui est marquant, c'est ce langage corporel qui grignote le cerveau de son adversaire. Il essaiera toujours de montrer au joueur en face que tant qu'ils ne se sont pas serré la main, le match n'est pas terminé. Il les pousse presque à prendre des risques supplémentaires, les fait douter jusqu'au bout. Il tentera toujours de ramener une balle qui semble inatteignable. Ça, c'est Nadal. »

INCAPABLE DE RENONCER

Des matchs de ce type, dans lesquels Rafael Nadal, au bord du précipice, s'offre une invraisemblable *remontada* (pour employer un terme à la mode), il en existe de très nombreux. Il y a cette fameuse victoire, au Masters 1000 de Bercy, en 2009, face à Nicolas Almagro, alors que ce dernier mène un set zéro, six jeux à cinq et 40-0 sur le service de Rafa. Le Majorquin sauve alors… cinq balles de match avant de s'imposer en trois sets, au bout du suspense.

Il y a aussi ce succès retentissant à Indian Wells, la même année, contre David Nalbandian. Quand le tableau d'affichage indique 6-3, 5-3 et 40-30 sur son service, l'Argentin se voit déjà sous la douche. Au bord du K.-O.,

« Rafa a intégré le fait qu'une partie de tennis n'est jamais terminée tant que la dernière balle n'a pas été jouée. »

la star espagnole va réussir à écarter cinq balles de match. Sans trembler une seule seconde. Plus efficace sur les points importants, Rafael Nadal revient à une manche partout. Le troisième et dernier set ressemble à ce qui a toujours été étranger au Taureau de Manacor : une résignation majuscule de David Nalbandian. Le Majorquin, jamais meilleur que lorsqu'il doit enfoncer un joueur au plus mal, finit d'achever son adversaire 6-0.

Sa victoire en finale de l'Open d'Australie, en janvier 2022, constitue pour l'ancien numéro un mondial Mats Wilander « le plus fantastique come-back auquel je n'ai jamais assisté de toute ma carrière ». C'est vrai que peu auraient parié sur la victoire de Rafa lorsque celui-ci était mené deux sets à rien, trois jeux à deux, et 0-40 sur son service dans la troisième manche...

Ancien joueur professionnel, Emmanuel Heussner travaille aujourd'hui au sein de la *All In Academy*, aux côtés de Thierry Ascione et Jo-Wilfried Tsonga. Il s'est aussi spécialisé depuis 2010 dans la préparation mentale. Forcément, il pose un regard attentif sur le cas *Rafael Nadal*. « Rafa a intégré le fait qu'une partie de tennis n'est jamais terminée tant que la dernière balle n'a pas été jouée. Ce n'est pas un match de football dans lequel vous perdez cinq à zéro à quelques minutes de la fin. Au tennis, il y a toujours un espoir, même si la plupart des jeunes joueurs n'ont pas cela en tête. »

Alizé Cornet est une inconditionnelle de Rafael Nadal. Autant vous dire que le scénario de la finale à Melbourne n'a fait que conforter son admiration. « Quand je pense à lui, le terme *résilience* est la première chose qui me vient à l'esprit. Parce que dans n'importe quelle situation, quel que soit le scénario du match, il sera toujours là à faire son job du mieux possible, à continuer à y croire, quitte à courber l'échine s'il le faut... C'est vraiment un exemple de résilience hors norme ! C'est pour ça qu'un match n'est jamais terminé avec Rafael Nadal. Il est toujours là, à vous souffler dans la nuque, et ça, ses adversaires le savent. Même s'il est derrière au score, il peut retourner des situations incroyables, non seulement grâce à cette résilience, mais aussi par la combativité dont il fait preuve. »

Ce match en Australie, qui s'est conclu après cinq heures et vingt-quatre minutes, est déjà rentré dans le panthéon du tennis. C'est aussi une rencontre qu'a eu le privilège de commenter Justine Henin, victorieuse de sept titres du Grand Chelem. Pour elle, ce moment de bravoure dit beaucoup sur le Majorquin. « Cette finale contre Daniil Medvedev, c'est l'illustration de l'acceptation qu'à un moment donné, ça ne va pas comme il le voudrait. Rafael Nadal n'était pas bien parti pour remporter cette finale : il était mal physiquement en début de match, il était malmené, commettait beaucoup de fautes. Par la suite, il a fait des adaptations tactiques, mais surtout, il n'est pas sorti de son match. Même s'il est dominé, il n'a pas la tête basse. Et en même temps, il ne crâne pas non plus. Il est dans une forme d'authenticité qui lui permet d'attendre que l'orage passe pour saisir l'opportunité après. »

C'est peu de dire que Rafael Nadal a fait preuve de patience dans cette finale d'anthologie. Dominé 6-2 dans la première manche, puis 7-6 dans un deuxième set ô combien frustrant, l'Espagnol attendra près de trois heures pour inverser la tendance. En utilisant plus l'amortie et en frappant davantage ses revers, Rafa, toujours très concerné, parvient à devenir bien plus agressif sur le coup droit de son adversaire. Abandonné par sa première balle, le Russe baisse de pied. La physionomie du match a évolué, et le public se voit offrir un dénouement à faire se retourner dans sa tombe Alfred Hitchcock.

Arnaud Di Pasquale, trente-neuvième joueur mondial en 2000, apporte son éclairage. « Chaque joueur a conscience de son jeu et de ses qualités. Et la plus grande des difficultés, c'est d'accepter, parfois, de laisser de côté son point fort parce que tu te fais contrer par un adversaire supérieur. Rafa parvient à sortir de ses habitudes de jeu et à trouver un plan B. Cela témoigne de son intelligence mais aussi de sa force mentale exceptionnelle. »

Et malgré ses trente-cinq printemps, l'accumulation des matchs, la dynamique de son adversaire, Rafa finit par remporter le trophée. Son vingt-et-unième titre du Grand Chelem, record absolu. L'épilogue d'une nuit magique à Melbourne.

« MON ADVERSAIRE PEUT LE GAGNER, MAIS MOI JE NE LE PERDRAI PAS »

Vous rappelez-vous de ce retournement de situation, au Masters 2019, lors d'un match de poule face à… Daniil Medvedev ? Le Russe, révélation cette saison-là, mène alors cinq jeux à un dans le troisième et dernier set. Lorsqu'il revient à cinq jeux à deux, l'Espagnol serre le poing. S'imaginait-il revenir et triompher ? Toujours est-il qu'après avoir effacé une balle de match, Rafael Nadal parvient à revenir à cinq jeux partout et remporte la rencontre dans le jeu décisif. Aujourd'hui, le vainqueur de l'US Open 2021 pose un regard désabusé sur cette rencontre. « On le connaît, il se bat sur chaque point même s'il est mené 6-0, 5-0, 40-0. Il fera tout pour gagner le match. C'est du Rafael Nadal tout craché et il n'y a pas beaucoup de joueurs comme ça. C'est une chose de vouloir se battre, mais encore faut-il pouvoir le faire quand vous avez le moral dans les chaussettes. Je n'avais pas un excellent état d'esprit à cette période. J'ai laissé passer un match que je devais remporter. Si je n'avais pas joué Rafael Nadal, peut-être aurais-je gagné 6-1 ou 6-2 dans le troisième set… Et si j'avais été dans de meilleures dispositions, je ne pense pas qu'il aurait pu revenir. Mais je ne peux plus changer le cours du match. Bravo à lui ! »

Lucide, Daniil Medvedev. Si Rafael Nadal a su s'accrocher et remporter les points les plus importants, le Russe a commis de grossières fautes, notamment dans le jeu décisif. Mais c'est aussi un art de faire déjouer son adversaire.

« Il arrive à séquencer ses rencontres en morceaux, c'est-à-dire qu'il fait plusieurs matchs dans un match, explique Emmanuel Heussner. Chez lui, chaque point est un petit match à remporter. Et à la fin, c'est celui qui a gagné le plus de petits matchs qui s'impose. Cet aspect est important, parce que cela signifie qu'il arrive à donner de l'importance à tous les points : le premier point est important pour faire la course en tête, mais le deuxième l'est tout autant et ainsi de suite. Cela m'amène à dire que jamais il ne se soucie de l'enjeu. Il se soucie d'abord du jeu. Le jeu est

quelque chose que l'on peut contrôler, mais on ne peut pas maîtriser l'enjeu à cent pour cent. Et Rafa a cette faculté à se battre encore et toujours pour mettre en place son tennis. C'est très fort ! »

Rafael Nadal, lui, a été fidèle à lui-même. « Dans ce genre de contexte, vous vous dites que dans les cinq minutes qui suivent, vous êtes dans les vestiaires, a expliqué le champion en conférence de presse après cet improbable retournement de situation. C'est logique de penser de cette manière. Alors vous vous mettez à jouer avec moins de pression sur les épaules. Même à cinq jeux à deux contre soi, on se dit qu'il est compliqué de revenir dans la partie, surtout contre un joueur comme Daniil en indoor. À cinq jeux à trois, j'ai commencé à y croire davantage. Je me suis dit *tu n'as plus qu'un break de retard, alors pourquoi pas ?* Je me suis convaincu de cela en me disant *tu dois être à nouveau au contact pour mettre la pression.* De son côté, il s'est mis à rater davantage. L'exemple à donner n'est pas que pour aujourd'hui. Mais tous les jours. Il ne concerne pas le *come-back* proprement dit. Vous devez naturellement être au contact pour vous battre. Il s'agit surtout de ne pas casser une raquette quand vous êtes mené 5-1 dans le dernier set ou de ne pas perdre le contrôle de vous-même. Il faut au contraire rester positif sur le court. Car souvent, la frustration survient quand vous vous estimez trop bon et que vous n'acceptez alors pas les erreurs que vous commettez. Cela ne m'arrive pas trop souvent. Je suis conscient que je peux rater et, en général, j'accepte mes fautes. C'est important de réagir ainsi. »

En somme, le langage *nadalien* dans toute sa splendeur, plein de simplicité et de clairvoyance, à diffuser en boucle dans toutes les bonnes écoles de tennis, diront certains.

Emmanuel Heussner replonge des années en arrière. « Je pense qu'il a en tête une phrase qu'il a prononcée le jour où il a gagné Wimbledon. Avant le match, Rafa a dit à son oncle Toni : *Ce match-là, mon adversaire peut le gagner, mais moi je ne le perdrai pas.* Dans cette phrase, il y a tout : *Mon adversaire peut le gagner,* ça veut dire que ce dernier doit aller le chercher. *Je ne le perdrai pas,* cela signifie qu'il va tout donner et qu'il n'aura aucun regret. En résumé, il refuse de perdre, mais il a le droit de ne pas gagner. Quand il perd, il se dit : *Aujourd'hui, j'ai fait ce que j'ai pu*

par rapport à mes forces du jour et l'autre joueur a été meilleur. Quand on pense de cette manière, on se sent mieux mentalement sur un terrain, on enlève une part de pression et on tue une forme d'ego qui peut être un obstacle à la performance. »

LE DROIT DE PERDRE

Il est difficile d'émettre un doute sur l'investissement du Majorquin pendant ses matchs. Qu'importe les circonstances. « Je vois beaucoup de joueurs qui disent *Aujourd'hui, je ne sens rien. Donc, forcément, cela se passera mal.* Et inconsciemment, il ne se donnent pas, raconte Emmanuel Heussner. J'ai l'impression que beaucoup de tennismen attendent de toujours bien jouer pour avoir une attitude de champion. Mais Rafael Nadal a cette attitude même s'il joue mal. On l'a vu lors de son match contre Andrei Rublev à Monte-Carlo, en 2021, où il n'était pas au mieux. Il est très fort parce qu'il peut perdre un jour, mais ça ne veut pas dire qu'il est moins bon que le joueur en face. J'ajoute qu'une défaite n'a pas d'impact sur qui il est et sur ce qu'il veut obtenir : *Si je perds, ça ne signifie pas que je suis nul.* Il parvient à dissocier qui il est de ce qu'il fait. »

Lorsqu'en 2019, juste avant le tournoi de Wimbledon, Rafael Nadal est questionné sur les éventuels conseils qu'il pourrait donner aux joueurs de la jeune génération, l'Espagnol apporte une réponse qui sonne comme une évidence. « Quand tu vas sur le court, tu peux gagner, tu peux perdre. Vous devez accepter les deux choses. Vous n'êtes peut-être pas en mesure d'accepter le fait que lorsque vous allez sur le terrain, vous pouvez gagner. Mais vous pouvez aussi perdre. C'est ce sport. Il n'y a qu'un gagnant par semaine. Le reste des joueurs perd. Chaque fois que vous démarrez le tournoi, vous savez qu'il est difficile de ne pas perdre cette semaine car un seul ne perdra pas. En sachant que vous vous battez pour la victoire, vous faites de votre mieux. En fin de compte, bien sûr, gagner est important et spécial. Mais personnellement, ce que je ressens, c'est que lorsque vous faites de votre mieux, quand vous faites ce qui est juste, vous êtes en paix avec vous-même. J'ai toujours accepté la défaite, elle fait partie de notre quotidien. »

L'ancien joueur français Jean-François Bachelot, qui s'intéresse de près à la préparation mentale des sportifs de haut niveau, pense que le mental est fortement lié à l'estime de soi. « Il s'agit de répondre à la question suivante : quelle image j'ai de moi-même ? Si j'ai une bonne image de moi, je peux me donner le droit de perdre contre n'importe qui, explique-t-il. Ce n'est pas grave, ce n'est pas ça qui va entacher le regard que j'ai sur ma propre personne. Si j'ai une petite estime de moi, c'est plus compliqué. Manifestement, lui a une très grande estime de lui couplée à une humilité folle. C'est rare et c'est beau. »

UNE CAPACITÉ À REBONDIR

Le champion a connu de multiples désillusions : sa défaite à Roland-Garros en 2009, face à Robin Soderling, ce géant suédois à la finesse d'un bûcheron, provoquant un tremblement de terre sans précédent aux Internationaux de France. Son revers après quasiment six heures de match face à Novak Djokovic lors de la finale épique de l'Open d'Australie en 2012. Ou encore cette frustrante défaite en finale du tournoi australien en 2017, lorsque Nadal, comptant un break d'avance dans le cinquième set face à Roger Federer, voit le Suisse l'emporter au terme d'un match d'anthologie. Mais l'Espagnol n'est pas du genre à ruminer.

Emmanuel Heussner aime rappeler la règle des vingt-quatre heures, qui dit qu'un joueur a un jour pour analyser une défaite, tourner la page et en écrire une nouvelle. « Je pense qu'il n'est pas à vingt-quatre heures mais à trois ! Rafael Nadal semble avoir une faculté de digestion, mais aussi de compréhension et d'acceptation. Il admet ses défaites, pour mieux comprendre. Il est donc dans une démarche de résilience fantastique. Il fait partie de ce club des champions qui ont cette aptitude à vite comprendre ce qui s'est passé, à ne pas être touchés émotionnellement pour repartir le lendemain et écrire une nouvelle page. »

Son élimination à Roland-Garros en 2009 ? Il gagnera les cinq éditions suivantes. Sa défaite en finale en 2012 face au champion serbe ? Il remporte dans les cinq mois qui suivent les tournois de Monte-Carlo,

> *Il va toujours au bout de ses limites, toujours avec le même comportement et la même attitude. »*

Barcelone, Rome et Roland-Garros. La déception de 2017 ? Vite effacée, grâce à six titres glanés cette année-là, Roland-Garros et l'US Open en tête de liste. Son début d'année 2019 est aussi source de frustration et de questionnements. Après avoir atteint la finale de l'Open d'Australie, à l'issue de laquelle il est écrasé par un Novak Djokovic de gala, Rafael Nadal va connaître sur terre battue des résultats loin de ses standards habituels. Il est éliminé en demi-finale de Monte-Carlo par Fabio Fognini, corrigé par Dominic Thiem à Barcelone au même stade de la compétition, puis dominé par Stefanos Tsitsipas à Madrid, encore aux portes de la finale. L'Espagnol reconnaissait qu'il « était descendu très bas mentalement et qu'il avait réussi à se reprendre et retrouver son niveau maximal ». En effet. Entre la fin du tournoi de Madrid, début mai, et le terme de la saison, le Majorquin ne s'inclinera qu'à deux reprises.

« Le plus dur au tennis est d'être performant chaque semaine, affirme Arnaud Di Pasquale, aujourd'hui directeur du padel à la Fédération française de tennis. Il y a beaucoup de coups d'éclat. On le voit chez les plus jeunes. Mais l'objectif en tant que joueur professionnel, c'est de tenir, de s'entraîner tout le temps de la même manière, avec la même volonté. Le plus difficile, c'est de réussir à s'astreindre à se lever tous les jours, à vouloir démolir cette balle, à chercher le progrès constamment, à sortir de sa zone de confort. Je trouve que Rafael Nadal a moins de passages à vide mentalement. S'il y en a, ça ne se voit jamais. Je trouve cette force extraordinaire. Il va toujours au bout de ses limites, toujours avec le même comportement et la même attitude. Il est le seul à avoir développé une telle endurance mentale. »

UN MODÈLE POUR BEAUCOUP

La combativité, la détermination sans faille de Rafael Nadal constituent une source d'inspiration pour les acteurs du circuit professionnel.

Denis Shapovalov, de treize ans son cadet, a grandi au rythme des exploits de l'Espagnol. « Quand j'étais petit, j'avais deux posters dans ma chambre, un de Rafael Nadal, un de Roger Federer, nous apprend le joueur canadien. Ils m'ont inspiré dans la manière de se comporter sur un court de tennis. J'ai toujours voulu ressembler à Rafa, avoir le même *fighting spirit*. En grandissant, j'ai toujours essayé d'être comme lui et de copier sa mentalité. C'est un grand professionnel, il a plus que ce qu'on escomptait. Il a prouvé à lui-même et au plus grand nombre quel grand champion il était. »

« Je pense parfois à lui quand je suis sur le court, confie Alizé Cornet. Je me dis : *mais qu'est-ce que Rafael Nadal ferait dans cette situation* ? Penser à cela me donne de l'énergie et envie de me surpasser. »

Battu par Rafa en finale du tournoi de Barcelone, en 2021, après s'être procuré une balle de match, Stefanos Tsitsipas n'a pas la défaite amère. « Je n'ai jamais vu personne se battre comme cela. Il m'a rendu la vie difficile sur le court, mais c'est quelque chose que vous devez accepter, affirme le joueur grec. C'est le genre de confrontation qui fait de moi un meilleur joueur parce que je vois où sont mes limites. C'est définitivement une bonne chose pour moi de disputer ce genre de matchs, pour mon développement et ma progression. »

Ce refus du renoncement a souvent porté Rafael Nadal dans les grands rendez-vous. Ainsi, l'Espagnol a remporté quatre-vingt-douze titres sur les cent-trente finales qu'il a disputées, soit un taux de réussite impressionnant de 70 % (65 % pour Roger Federer). Le Taureau de Manacor a soulevé le trophée lors de vingt-deux de ses trente finales dans les tournois du Grand Chelem, soit 73 % de réussite.

Aussi, il n'est pas anodin de constater que seulement neuf joueurs ont réussi à battre Rafael Nadal dans un match disputé en cinq sets. Roger Federer et Novak Djokovic font partie de ce cercle restreint qui comprend également Lleyton Hewitt, le Français Lucas Pouille, Lukas Rosol, Gilles Muller, Fernando Verdasco, Stefanos Tsitsipas et Fabio Fognini. Les deux derniers sont les seuls à avoir accompli l'exploit de battre l'Espagnol après avoir été menés deux sets à rien dans un tournoi du Grand Chelem. Chapeau, messieurs.

On ne compte plus les marathons que Rafael Nadal a remportés au cours de sa carrière. Il a joué cinq heures et vingt-quatre minutes pour terrasser Daniil Medvedev à l'Open d'Australie en janvier 2022. À Rome, en 2005, Guillermo Coria a fini par rendre les armes au bout de cinq heures et quatorze minutes de jeu. Même « chrono » pour assister à l'abdication de l'Espagnol Fernando Verdasco à Melbourne, en 2009. Le Bulgare Grigor Dimitrov, lui, a rangé sa raquette après quatre heures et cinquante-six minutes d'un duel acharné en 2017. Les exemples sont encore nombreux : quatre heures et cinquante et une minutes face au Russe Daniil Medvedev à l'US Open en 2019, quatre heures et quarante-neuf minutes pour dominer l'Autrichien Dominic Thiem en 2018 à New York, quatre heures et quarante-huit minutes pour venir à bout de Roger Federer en 2008 et Juan Martin Del Potro à Wimbledon en 2018... Parce qu'il est entendu que le Taureau de Manacor ne lâche rien. Jamais. Rafa, c'est Droopy. Vous pensez l'avoir semé au terme d'un voyage qui vous a fait traverser trois continents ? Vous reverrez aussitôt le bout de sa raquette, prête à envoyer de nouvelles gifles.

Dominer Rafa en trois sets dans un tournoi du Grand Chelem ? Ce n'est arrivé que douze fois depuis 2003. Novak Djokovic est le seul à l'avoir fait à deux reprises. Le Belge Steve Darcis a réalisé cette prouesse, à Wimbledon, en 2013. Mais il se rappelle encore à quel point la confiance l'a quitté lorsqu'il servait pour le match. Il était pourtant en ballottage très favorable : à 7-6, 7-6, 5-4 et service à suivre, il n'y avait a priori pas de raisons de s'inquiéter.

« Je fais un coup magnifique dès le premier point du jeu, j'en profite pour monter au filet mais lui me sort un passing en bout de course et

« C'est le genre de confrontation qui fait de moi un meilleur joueur parce que je vois où sont mes limites. »

remporte le point. Je me rappellerai toujours de ce que je me suis dit à ce moment-là : *Ça y est, il va encore s'en sortir, comme d'habitude !* C'est le problème quand tu joues contre Rafael Nadal. Tu sais que ce n'est jamais fini, tu sais qu'à tout moment, il peut te faire douter et revenir dans le match. Heureusement, j'ai fait trois bons points derrière, et je me suis retrouvé à 40-15 en ma faveur, mais c'est vrai que face à lui, le doute s'installe très vite parce que tu as conscience que le type en face de toi possède un physique et un mental hors norme. Honnêtement, j'ai rarement ressenti cette sensation-là. »

L'INFLUENCE DE L'ENTOURAGE

Le cas de Rafael Nadal, ce « combattant de l'impossible », comme l'appelle Julien Reboullet, soulève beaucoup d'interrogations. « On se demande comment ce jeune homme peut faire preuve d'une telle hargne sur un court de tennis, comme s'il était prêt à mourir sur le terrain. Le premier réflexe que nous avons est de nous dire qu'il y a une fêlure quelque part qui expliquerait qu'il veuille se battre contre quelque chose. Mais Rafael Nadal a l'air d'avoir une vie plutôt sympa sur son île, on a l'impression qu'il aurait pu être heureux sans être champion de tennis. »

Tout d'abord, Rafa est semble-t-il trahi par ses origines. « Cet esprit de compétition est à l'image de la mentalité espagnole, explique Emilio Sanchez, meilleur joueur ibérique en 1990. Si l'on prend les joueurs français, ils sont extrêmement talentueux, mais leur manière de penser est radicalement différente. Ils n'ont pas cette combativité et cette détermination que l'on retrouve chez les joueurs espagnols. Chez nous, si l'entraînement est à neuf heures, tu y seras à neuf heures. Il n'y a pas d'autre alternative ! »

Finaliste de Roland-Garros à deux reprises, en 1997 et en 2001, Alex Corretja détaille cette spécificité espagnole. « Pour moi, la clé, c'est que l'on se donne à cent pour cent tous les jours. On lutte tout le temps. Quand tu évolues en Grand Chelem, même si tu as beaucoup de talent mais que tu ne travailles pas, tu vas perdre au troisième tour ou en huitièmes.

Et qu'est-ce qu'un huitième ? Ce n'est rien. En Masters 1000, il faut jouer le quarantième mondial le mardi, le trentième le jeudi puis des top 10, il faut être très fort physiquement comme mentalement pour enchaîner les matchs. On ne travaille pas pour bien jouer au tennis, on travaille pour être un bon joueur de tennis. C'est ça la différence. »

Mais une telle détermination laisse à penser qu'il y a quelque chose en plus chez Rafa. Il y a quelques années, Mariano Puerta, première victime de l'Espagnol en finale de Roland-Garros, déclarait, non sans humour : « Il veut tout gagner, même le tirage au sort avant le match. »

C'est loin d'être faux. En 2022, le joueur norvégien Casper Ruud y est allé de son anecdote : « J'ai joué quelques fois au golf avec Nadal à Majorque. C'est un très bon golfeur et… Non, je n'ai pas gagné. Là aussi, il m'a battu. C'est un bon adversaire. Honnêtement, c'est difficile de jouer avec lui parce qu'il ne dit pas grand-chose. Il est très concentré. D'habitude, au golf, on se marre un peu. Avec lui, pas du tout ! »

Le joueur ibérique reconnaît lui-même son aversion pour l'échec. « Déjà, petit garçon, je détestais perdre ; et encore maintenant. Que ce soient les cartes, une anodine partie de football dans le garage, ou n'importe quoi d'autre. Je tombais dans des accès de rage quand je perdais. J'ignore d'où ça vient. Peut-être à force d'observer mes oncles s'affronter au billard avec leurs amis dans les bars. »

Tiens, tiens, l'entourage… C'est un facteur déterminant, selon Julien Reboullet. « Le fait qu'il soit issu d'une famille qui comprend un sportif de très haut niveau [son oncle, Miguel Angel Nadal, a été footballeur au FC Barcelone et avec l'équipe d'Espagne] et un autre d'un bon niveau [son autre oncle et entraîneur emblématique, Toni, a été champion des Baléares de tennis de table] a dû jouer un rôle. Très tôt, il a été entouré de gens qui connaissaient le sport de haut niveau, qui savaient ce que ça impliquait en termes de rigueur et de travail au quotidien : se lever, manger sainement même si l'on est gourmand, prendre les entraînements très sérieusement. Évoluer dans cet environnement, avec toute l'exigence qui en découle, explique en partie l'état d'esprit de Rafael Nadal. »

國

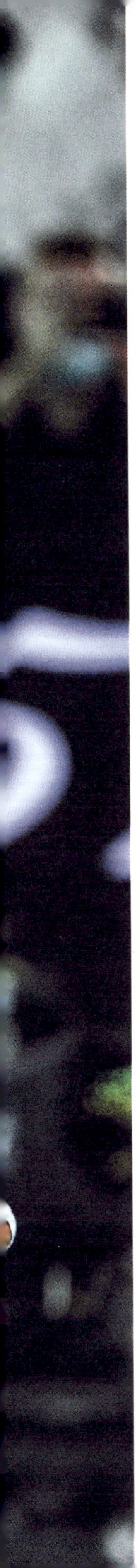

Il est impossible de dissocier Toni Nadal de Rafa. La collaboration entre l'entraîneur et le joueur, l'oncle d'un côté et le neveu de l'autre, a duré dix-sept années, entre 1990 à 2017. Il serait malhonnête de minimiser l'influence qu'a eue Toni Nadal sur l'homme aux vingt-deux titres du Grand Chelem.

« Ne pas avoir de regrets, marquer l'histoire du tennis : voilà ce qui anime Rafael Nadal. »

« Le père de Rafael Nadal a confié à Toni les clefs de l'éducation de son fils à un moment, rappelle Julien Reboullet. Ils ont tous les deux souvent dit que l'apprentissage de Rafa avait été fait autant par ses parents que par Toni. Quand tu commences à voyager avec un gamin de douze à seize ans, l'éducation n'est évidemment pas terminée : le comportement en société, les règles de savoir-vivre… Au-delà d'un coach, Toni Nadal a été un éducateur, un guide, il a joué énormément sur le développement d'une certaine forme de mentalité chez Rafael Nadal, au-delà du coup droit et du revers. Il est un peu comme son deuxième père : il y a beaucoup de Toni Nadal en Rafa. »

« Toni a effectué un travail éducatif phénoménal que je n'ai vu nulle part ailleurs, affirme Jofre Porta, ancien entraîneur de Rafa. Il l'a mené à l'essence même du combat. Rafael Nadal l'a dans le sang. Cela fait partie de son ADN, ce qui explique qu'il ne sait pas ne pas se battre. Il ne compte pas ses efforts sur un court de tennis, et c'est un problème chez lui. Il a été tellement habitué à combattre qu'il a dû apprendre à lâcher du lest. »

L'ancien capitaine de l'Équipe de France de Coupe Davis, Jean-Paul Loth, a une admiration sans borne pour le parcours tennistique de Rafael Nadal. Mais il estime que « le mental dont il fait preuve est directement lié à sa manière de jouer au tennis, et inversement. Je me souviens de lui aux Petits As, il n'a jamais eu pendant sa période de formation un jeu d'attaque. Il a toujours été essentiellement concentré sur le fait de garder la balle dans le court, défendre le mieux possible et éventuellement souhaiter que son adversaire fasse la faute. À partir de là, quand les jeunes ont ce type de jeu, ils se forgent, par la force des choses, un mental qui est — d'apparence en tout cas — plus solide que les autres : tu vois un joueur qui se bat et qui essaie de gagner le point en ramenant le maximum de balles, tu te dis qu'il a l'air plus costaud mentalement qu'un type qui fait un ace ou une faute sur un retour de service. Rafael Nadal était dans l'obligation d'avoir ce comportement, sinon il n'aurait jamais gagné un match ! Néanmoins, si l'on vante aujourd'hui le mental de Rafael Nadal, il n'a pas forcément plus de valeur que celui de Roger Federer ou de Novak Djokovic. Parce que leurs types de jeu n'ont strictement rien à voir. Chez l'un, on voit toujours cette force de ne pas céder, alors que les autres ont toujours à disposition cette possibilité de remporter un point en un ou deux coups. »

UNE HISTOIRE D'AMBITION

Enfin, il faut prendre en compte un autre aspect. « Il aime ce qu'il fait, le sport qu'il a choisi, son métier, et le temps n'a pas de prise sur cette passion » dit Jean-Paul Loth. Sans oublier le goût démesuré de l'Espagnol pour ces matchs de prestige, dans lesquels la dramaturgie s'invite régulièrement. Et cette volonté d'aller au-delà de ses rêves les plus fous, qu'importe les obstacles.

« J'ai eu l'occasion de rencontrer Rafael Nadal au tournoi de Monte-Carlo. Il allait affronter Jean-René Lisnard, un joueur que j'entraînais à l'époque, raconte Emmanuel Heussner. Je me souviens lui avoir dit : *Je suis coach depuis pas mal de temps. Demain, tu vas jouer contre l'un de mes joueurs. J'ai une admiration incroyable pour ce que tu es et ce que tu fais. Il y a une chose que j'aimerais juste savoir : qu'est-ce qui fait que chaque matin, tu as envie de gagner ?* Je lui parlais de la difficulté des joueurs français à enchaîner les bons résultats. Rafa m'a répondu : *Mon objectif principal est de marquer la légende de mon sport.* J'ai tout de suite compris qu'il était en mission, alors que la plupart des joueurs ont une ambition plus mesurée. Cet état d'esprit, je l'ai retrouvé chez d'autres grands champions tels que Zinedine Zidane ou Martin Fourcade. Ils ont des qualités mentales communes et ils pensent d'une manière qui nous est sans doute étrangère. »
Le fait que Rafael Nadal ait disputé les Internationaux de France, en 2022, sous injections, avec le pied gauche totalement insensible (en raison de

sa douleur chronique), illustre parfaitement cette ambition folle, excessive diront certains.
Jean-Francois Bachelot rappelle que juste après sa première victoire à Roland-Garros, son entraîneur, Toni Nadal, le rappelle à l'ordre en lui tapant sur l'épaule pour lui dire : *Tu n'as gagné qu'un tournoi de tennis !* « Ça veut dire quelque chose, dit-il. De par son éducation, Rafael Nadal minimise tout le temps la victoire, même si elle est savourée, dans le but d'aller encore plus haut. En fait, c'est une question d'objectifs que chaque joueur se fixe. Je pense qu'il y en a certains qui rêvent de gagner un tournoi du Grand Chelem, lui désire marquer l'histoire du tennis. Il est donc dans des sphères beaucoup plus élevées. Par conséquent, chaque match pour lui compte. S'il perd une rencontre sur un gros tournoi, c'est potentiellement un titre prestigieux en moins dans son palmarès. Il met donc toutes les chances de son côté, sur chaque match, mais aussi chaque set, chaque jeu, chaque point. Il sait que ça passe par là pour marquer l'histoire de ce sport. Au fond, je pense qu'il n'a pas envie d'avoir des regrets par rapport à un manque d'implication qui pourrait lui coûter un match, et de se dire que s'il avait fait tous les efforts nécessaires, il aurait pu gagner le tournoi. Ne pas avoir de regrets, marquer l'histoire du tennis : voilà ce qui anime Rafael Nadal. »

En conservant cet état d'esprit, année après année, le joueur espagnol n'aurait-il pas exploité toute l'étendue de son potentiel ? Voilà qui relie sans doute Rafa à l'hyperformance, un concept développé par le sociologue Bertrand Pulman dans son ouvrage *Écoutez ce que les champions vous disent*. « Ce concept se définit en deux points : tout d'abord, il s'agit d'une performance exceptionnelle et qui frappe les esprits de façon durable, explique-t-il. L'hyperformance mythique, c'est le saut de Bob Beamon aux Jeux Olympiques de Mexico en 1968 (l'Américain avait établi un nouveau record du monde du saut en longueur avec un bond à 8,90 m) : c'était une prouesse hors du commun et imprévisible. L'hyperformance n'est pas l'apanage des plus grands athlètes de l'histoire : elle concerne aussi bien le numéro un de sa discipline que n'importe quel individu. La phrase de Jean-Claude Killy « *Chacun dans son coin peut faire un peu mieux que ce qui était prévu* » résume parfaitement cette notion. Rafael Nadal est le prototype de l'hyperformer. La vitalité dont il fait preuve m'a toujours marqué. Il incarne la vie dans ce qu'elle a de meilleur. »

CHAPITRE 3

RENTRER DANS SA BULLE

Regarder Rafael Nadal jouer sur un court de tennis reste une activité passionnante. Celle d'observer chacun de ses gestes, de ses regards, chacune de ses attitudes l'est tout autant, car elle soulève des interrogations qui vont au-delà du cadre strictement sportif. Il est très déroutant de constater que Rafael Nadal, « un garçon pudique, réservé dans la vie » comme aime à le rappeler Arnaud Di Pasquale, dégage tout autre chose lorsque le théâtre de la compétition ouvre ses portes. Rafa, c'est un peu ce musicien introverti qui se métamorphose quand il monte sur scène devant des milliers de spectateurs.

En début de carrière, son style et son apparence vestimentaire ont contribué à faire de lui un joueur singulier. Son look contraste avec la star d'alors, le très chic Roger Federer : cheveux longs à la Johnny Depp dans *Pirates des Caraïbes*, débardeur qui met en valeur ses biceps développés, bandeau autour des cheveux, et pantacourt, une fantaisie qui sera loin de faire l'unanimité. Libre à vous de juger ou non le style vestimentaire du champion, mais cette tenue qu'il arbore dit beaucoup sur le joueur qu'il est, ou tout du moins qu'il veut être. Ainsi vêtu, l'Ibérique ressemble à un pirate au physique avantageux, prêt à piller n'importe quel navire, à dérober tous les trésors qu'il trouverait sur sa route.

« Rafael Nadal ne croit pas en lui autant que Roger Federer et Novak Djokovic croient en eux. Il a besoin de revêtir son habit de guerrier. Rafa, c'est un garçon normal qui arrive à gagner » expliquait le Suédois Mats Wilander, triple vainqueur de Roland-Garros entre 1982 et 1988.»

« UN ACTEUR QUI SE MET EN ORDRE DE MARCHE »

Dès lors que le Taureau de Manacor revêt son habit de guerrier, il entre sur le court, raquette dans la main gauche, tel un gladiateur dans l'arène. Et l'aura qu'il dégage avant même le début d'un match ne peut laisser indifférent.

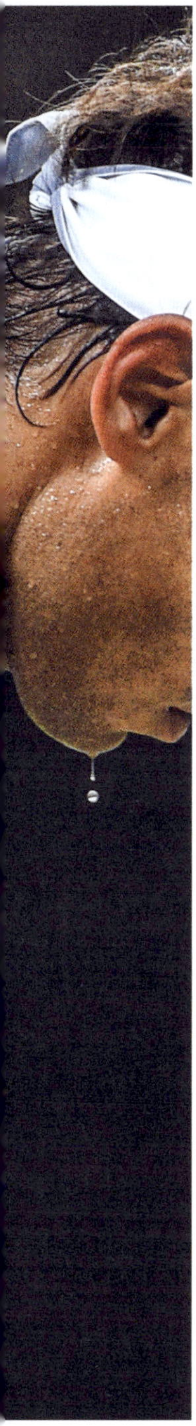

> *Il a besoin de revêtir son habit de guerrier. Rafa, c'est un garçon normal qui arrive à gagner. »*

« Cela commence dans les vestiaires. Cette manière qu'il a de sauter, de s'échauffer, montre qu'il veut impressionner son adversaire, explique Éric Deblicker, ancien entraîneur du joueur français Richard Gasquet. Sans parler de ses sprints après le tirage au sort ! »

Francisco Roig, ex-joueur professionnel, fait partie de l'entourage de Rafael Nadal depuis 2005. Il raconte : « C'est à l'instant où il se lève de la table de massage, après que Rafael Maymo a terminé de lui faire ses massages, qu'il devient effrayant pour ses rivaux. La simple façon dont il attache son bandana est déjà effrayante dans son intensité. Puis, soudain, il se met à respirer bruyamment et démarre d'un seul coup, actionnant ses jambes de bas en haut ; après quoi, comme s'il avait oublié que son rival se trouve à quelques pas de lui dans la pièce, il lance un cri : *Vamos ! Vamos !* Il y a quelque chose d'animal là-dedans. »

Il y a aussi ces échauffements atypiques auxquels s'adonne la star espagnole. « Dans ces premières années, Rafa frappait la balle vraiment très fort, et parfois on ne pouvait même pas faire une volée ! se souvient Olivier Mutis. Nous, les joueurs français, on arrivait un peu à la cool et on se prenait des ogives avant même que le match n'ait commencé... Mais il n'y avait rien d'agressif dans sa démarche. C'est le personnage qui est comme ça, focalisé sur son match dès qu'il pénètre sur le court. »

À force d'observations, Arnaud Di Pasquale perçoit dans ce rituel d'avant match « un conditionnement nécessaire. Je ne pense pas qu'il y ait chez Rafael Nadal cette volonté d'impressionner le joueur qu'il a en face de lui. L'Espagnol est un peu comme un acteur qui se met en ordre de marche avant de monter sur scène. Il le fait pour lui avant tout, sans se soucier de ses adversaires. C'est sans doute ce dont il a besoin pour arriver sur le premier point d'un match avec un engagement total ».

« Rafael Nadal a appris à compartimenter les choses : il est gentil, avenant pendant les tournois, ne refuse ni les selfies ni les autographes, mais il y a un moment où il disparaît et il met son costume de scène, explique Makis Chamalidis, psychologue-référent à la Fédération française de tennis entre 1997 et 2018. C'est une manière de dire aux autres : *Je me mets en condition. Maintenant, il ne faut plus me déranger*. Par conséquent, il parvient à avoir la préparation adaptée pour être à cent pour cent dès le début d'un match ou d'un entraînement, et ça, ce n'est pas donné à tout le monde. »

UN POUVOIR D'INTIMIDATION

On pourrait considérer Rafael Nadal comme une sorte de pendant tennistique de l'ancienne star de la boxe Mike Tyson qui, par son physique, son regard noir, son charisme indiscutable, possédait ce don d'assommer psychologiquement ses adversaires avant même que le gong ne retentisse. Le poids lourd américain instillait la peur, si bien que nombre de ses combats ont été expéditifs. L'Espagnol serait-il de la même trempe ?

Francisco Roig a son avis sur la question. « Quelles que soient les pensées propres de l'adversaire, il ne pourra s'empêcher d'avoir un regard circonspect de son côté, et il se dira *Oh mon Dieu ! C'est Nadal, celui qui se bat sur chaque point comme si c'était le dernier. Aujourd'hui, il faut que je sois au meilleur de ma forme, c'est le grand jour de ma vie. Et pas pour gagner, simplement pour avoir ma chance.* »

Le joueur français Benoît Paire, qui n'a jamais réussi à prendre un set au Majorquin en quatre oppositions, n'a jamais vécu ces rencontres comme des parties de plaisir. « Rafael Nadal est un garçon particulier dans le tennis. C'est un personnage intimidant. Ce n'est pas pour rien qu'il a tous ces titres du Grand Chelem, tous ces titres à Roland-Garros et qu'il a écrit l'histoire de ce sport. C'est un mec qui en impose et qui est robotisé pour battre tout le monde. Quand tu te prépares tranquillement

ROLAND GARROS

et que tu le vois dans le vestiaire en train de sauter à côté... L'observer est impressionnant : il n'arrête pas de bouger, il fait du physique pour transpirer et pour arriver sur le premier point à cent pour cent. Rafa est quelqu'un que j'ai toujours respecté. Plus jeune, je le regardais à la télévision lorsque j'évoluais sur les tournois Futures [l'échelon le plus bas des tournois de tennis professionnels]. D'une certaine manière, il a toujours été un exemple, en raison de la beauté de son jeu et de sa mentalité exceptionnelle. J'ai beaucoup d'admiration pour ce qu'il dégage. Quand je le vois dans les vestiaires, ça reste Rafael Nadal, du coup j'essaye de me mettre un peu à l'écart, histoire de ne pas croiser son regard, ne pas voir qu'il est déjà en mode *animal* ! Cette attitude est magnifique, impressionnante, et il faut reconnaître que c'est un peu intimidant en tant qu'adversaire. »

À vrai dire, nous n'avons pas souvenir d'un joueur qui ait besoin d'une telle préparation avant une rencontre. Makis Chamalidis nous replonge quelques années en arrière : « Quand Rafael Nadal est arrivé sur le circuit, au début des années 2000, les joueurs français se moquaient de lui. Faire un sprint dans les couloirs, s'encourager soi-même, ce n'étaient pas des choses dans les codes des joueurs de l'époque. Tout ce qu'il fait avant un match montre qu'il ne suffit pas d'être chaud physiquement, il faut aussi être prêt mentalement, dès l'entraînement, et pour ce faire, il a développé certains codes. Par exemple, avant chaque finale de Roland-Garros, il évite toujours de regarder la Coupe des Mousquetaires. Il ne fait pas partie de ces joueurs qui se projettent sur les conséquences de ce qu'ils sont en train de faire : le regard des autres, l'importance du résultat. Il représente cette notion d'être dans le moment présent. C'est pour cette raison qu'il a mis en place toutes ces routines, qui touchent aussi à la superstition, mais qui lui permettent de s'organiser et de compartimenter. »

LA LONGUE TRADITION DES ROUTINES

Routines, vous dites ? Très peu pour le Majorquin. On plaisante, évidemment. Il est inconcevable de dissocier Rafael Nadal de ses manies caractéristiques. Sur les courts de tennis du monde entier, en plus

« C'est paradoxal, il a des attitudes robotiques, et en même temps, on voit que c'est quelqu'un de sensible et d'anxieux. »

de vingt ans de carrière, l'Espagnol nous a dévoilé des routines aussi surprenantes que significatives. Mais il n'est pas une exception.

Les joueurs et joueuses professionnelles ont leurs rituels depuis toujours. Et l'éventail est large. Avant de servir, John McEnroe pinçait systématiquement un bout de sa chemise avec ses doigts. L'ancien numéro un mondial Pete Sampras avait pour habitude de replacer très fréquemment les cordes de sa raquette. Était-ce parce qu'elles avaient bougé ? Rien n'est moins sûr. On trouve aussi des choses plus saugrenues, qui n'ont a priori pas grand-chose à voir avec la pratique du tennis. En son temps, Bjorn Borg arrivait toujours au tournoi de Wimbledon avec une barbe naissante. Par superstition, selon les dires de l'ex-champion suédois, qui expliquait ne pas s'être rasé en 1976, l'année de son premier titre à Londres. La croyance du sextuple vainqueur de Roland-Garros allait plus loin encore : avec sa chemisette à rayures et son haut de survêtement rouge, il était toujours habillé de la même manière... et effectuait le même parcours avec sa voiture pour aller au stade. Toujours au rayon vestimentaire, l'Espagnol Alex Corretja gardait le même short jusqu'à connaître la défaite. Short qui, rassurez-vous, était lavé chaque soir après un match.

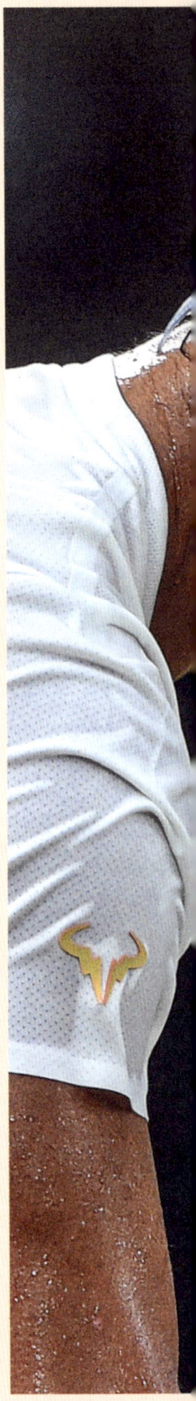

Aujourd'hui, la tradition se perpétue plus que jamais. Prenez l'un des plus grands joueurs de tous les temps, Novak Djokovic, incapable de servir sa première ou deuxième balle s'il ne la fait pas rebondir parfois une vingtaine de fois ! Une habitude qui a irrité plus d'un adversaire et qui a valu au Serbe plusieurs avertissements pour dépassement de temps. Avant chaque set, la star américaine Serena Williams passe toujours de l'autre côté du filet, contrairement à la plupart des joueurs qui regagnent leur chaise pour s'essuyer et se réhydrater. Là, elle balance deux coups de raquette sur un panneau publicitaire, placé dans la continuité du filet. Allez comprendre.

Les joueurs français ne sont pas en reste. Oh que non ! Quand il remporte un point sur son service, Richard Gasquet attend quelques secondes afin de récupérer la balle. Il est d'ailleurs amusant d'observer les ramasseurs se précipiter pour la lui redonner, et de voir le Français utiliser cette même balle pour le coup suivant... C'est un rituel fréquent chez les joueurs et joueuses : Xavier Malisse, Conchita Martinez ou Goran

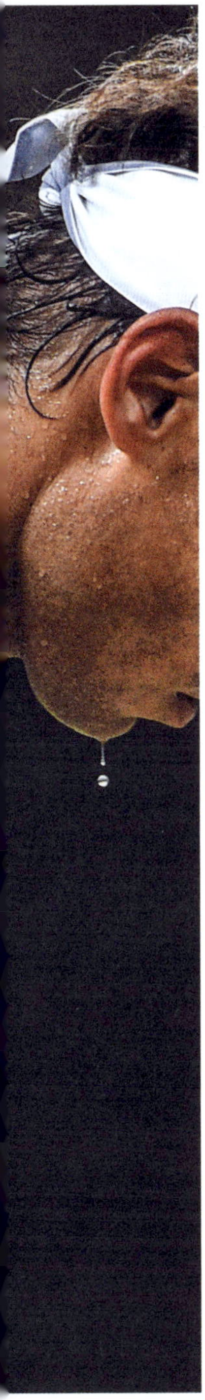

Ivanisevic croyaient beaucoup au concept de la *balle magique*. Enfin, il a toujours été déroutant d'observer le cérémonial de Marion Bartoli avant chaque point : tourner le dos à son adversaire et faire des coups dans le vide avec sa raquette.

Les manies des joueurs et des joueuses, c'est un puits sans fond. Un florilège d'actions plus ou moins incongrues qui donnent à nos champions la sensation de mettre toutes les chances de leur côté. L'ancien entraîneur de Rafa, Jofre Porta, n'est pas un adepte de ce que certains appellent des tics. « Un joueur doit être capable de faire la différence entre une manie et une superstition une fois adulte. Le danger, c'est que les jeunes se disent à un moment *Je ne vais pas gagner parce que je n'ai pas fait tel ou tel geste*. J'essaie d'éviter que nos petites têtes blondes aillent sur ce terrain. Mais dans le cas de Rafa, tout s'est bien passé. Il a beaucoup de manies, mais elles ne l'étouffent pas. »

DES RITUELS POUR NE PAS PENSER

Les multiples routines de Rafael Nadal fascinent autant qu'elles interpellent. Vous avez forcément remarqué certaines d'entre elles. On commence par la plus déconcertante ? Celle qui voit le champion espagnol aligner face à lui ses deux bouteilles d'eau ou de boisson énergisante, lorsqu'il s'assoit sur sa chaise, après un changement de côté. Surtout, il peut prendre plusieurs secondes pour ajuster au millimètre près leur positionnement ! Pas le genre de choses auxquelles on était habitué.

« Lors de son premier Roland-Garros, en 2005, Rafa plaçait ses bouteilles devant lui et le ramasseur de balles les rangeait dans la glacière, raconte avec le sourire Jofre Porta. Il allait les récupérer, les replaçait devant lui, mais pendant qu'il jouait, le ramasseur de balles les rangeait à nouveau ! Et comme il ne parlait pas français à l'époque… C'était assez comique ! »

Aujourd'hui encore, Émilie Loit reste interloquée par cette histoire de bouteilles. « Quand il les place en face de lui, on se dit qu'il est complètement fou ! Je ne sais pas à quoi il pense. Pourquoi il les pose là ? Est-ce

RAFA
VALMORA
VALMORA

que ça lui permet à la fois de rester dans sa bulle ? Est-ce qu'il pense au coup qu'il vient de faire ? Ce qui est sûr, c'est qu'il le fait parce que c'est un rituel, et un joueur de tennis a besoin de se raccrocher à des choses pour rester concentré... En tout cas, ce sont ses rituels à lui et on peut dire que ça fonctionne bien. »

Rafael Nadal ne l'a jamais caché : il n'aime pas beaucoup communiquer au sujet de ses routines. Mais vous vous doutez bien que le champion a été assailli de questions sur le sujet. En janvier 2020, le multiple vainqueur de Roland-Garros tente d'apporter une explication : « Si je fais ça avec les bouteilles, je m'assois et je peux penser à autre chose. Quand je fais toujours les mêmes choses, ça veut dire que je suis concentré et que je suis disposé à ne penser qu'au tennis ».

Makis Chamalidis apporte son regard : « Rafael Nadal se dit : *Là, je m'occupe pour ne pas penser à mal faire, à rater*. Et il a raison : il vaut mieux être obsédé par ce que j'ai à faire que me projeter dans le futur ou repenser à des choses du passé. À partir d'un moment, et c'est un point de non-retour, il entre dans sa bulle et cela lui permet de ne pas se projeter ». Il ajoute : « Ça le rassure qu'elles soient au même endroit. Est-ce grave si ce n'est pas le cas ? Pour lui, peut-être. C'est un fonctionnement obsessionnel, mais c'est aussi une manière de dire *Je me fous de ce que pensent les autres*. Faire cela, c'est plus important qu'être bien perçu ou pris pour un malade. Il vit avec cela ».

Avant de rejoindre sa chaise lors d'un changement de côté, l'Espagnol laisse systématiquement son adversaire passer avant lui. En dehors des échanges, il est étonnant de voir ce soin pris pour ne pas marcher sur une ligne du court.
« Pour moi, il y a deux choses là-dedans, analyse l'ancien joueur professionnel Jean-François Bachelot. Il y a un côté *superstition* et un côté *concentration*. Je pense que tous ces rituels lui permettent dans un premier temps de se rassurer, parce que l'humain a toujours peur de l'inconnu. Et un match de tennis, c'est l'inconnu, où l'on ne peut pas savoir ce qu'il va se passer. C'est la raison pour laquelle beaucoup de joueurs ont ce type de routines, visibles ou non. Chez lui, ça se voit énormément et il ne s'en cache pas. Ce sont des rituels qui permettent de se rassurer, de se

> *« Ce sont des rituels qui permettent de se rassurer, de se concentrer et de rester dans le match pour ne pas laisser son cerveau partir sur autre chose. »*

concentrer et de rester dans le match pour ne pas laisser son cerveau partir sur autre chose. Rafael Nadal a gagné tellement de matchs en ayant recours à ces manies qu'inconsciemment, il se dit qu'il va continuer à gagner s'il fait toujours cela. »

Pour autant, le champion espagnol refuse d'être perçu comme une personne superstitieuse : « Si cela était le cas, je changerais de rituel à chaque défaite. Je ne suis même pas esclave de la routine : ma vie change tout le temps et la compétition est très différente de l'entraînement. Ce que vous appelez *tics* est une façon de mettre de l'ordre dans ma tête, moi qui suis normalement très désordonné. Ils sont le moyen de se concentrer et de faire taire les voix à l'intérieur. Ne pas écouter la voix qui me dit que je vais perdre, ou celle, encore plus dangereuse, qui me dit que je vais gagner ».

En ayant recours à ces différentes routines, Rafa chercherait à se protéger de l'inconnu. Sur un court de tennis, l'inconnu peut prendre différents visages ; il peut être l'adversaire, le score, les éventuelles fautes d'arbitrage, le risque de blessures ou le public. Combien de joueurs et joueuses se sont écroulés lors d'un match à fort enjeu, incapables de faire abstraction de la présence de spectateurs hostiles ? Rappelez-vous de Martina Hingis, prise à partie par le public parisien lors de la finale de Roland-Garros en 1999. Alors qu'elle mène 6-4, 2-0 contre Steffi Graf, que le titre lui tend les bras, la Suissesse va complètement perdre ses nerfs. Quand elle annonce ne pas vouloir reprendre le match après avoir passé le filet pour montrer

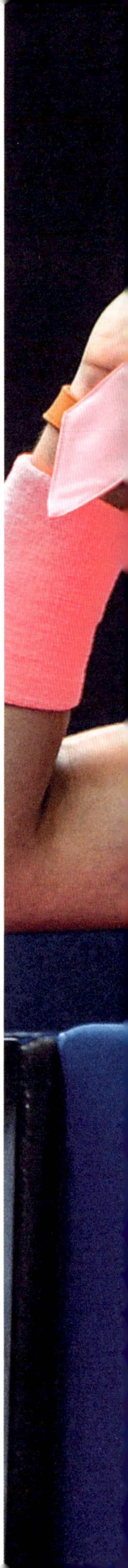

une marque — ce qui est totalement interdit —, Martina Hingis devient la cible du public. La suite est rentrée dans l'histoire des Internationaux de France : elle s'incline en trois sets et rejoindra sa mère en tribunes, en larmes, comme traumatisée.

Même dans ses jeunes années, Rafael Nadal ne s'est jamais laissé submerger par le contexte d'une finale. Comme s'il était imperméable à toute forme de pression.

Lorsqu'en mars 2022, Naomi Osaka fond en larmes, après avoir été chahutée par une spectatrice pendant son match au tournoi d'Indian Wells, le joueur espagnol apporte son soutien à la star nippone. « Je me sens très mal pour ce qui s'est passé, ça ne devrait jamais arriver. Je suis désolé pour elle. » Mais Rafa de rappeler l'importance de s'adapter aux éléments extérieurs. « Dans le monde réel, ça arrive. On est chanceux d'être joueurs de tennis et de profiter de toutes ces expériences incroyables. On gagne de l'argent. On doit être préparés à ça. On doit résister à ces choses qui peuvent arriver quand on est exposés au public. On adore quand les gens nous soutiennent. Quand ce n'est pas le cas, il faut l'accepter et avancer. Je comprends que Naomi ait beaucoup souffert de difficultés mentales. Je lui souhaite d'aller mieux. Mais rien n'est parfait dans la vie. On doit être prêts à affronter l'adversité. »

LA FAMEUSE SCÈNE AU SERVICE

Sa mécanique avant de servir mérite également qu'on s'y attarde. Rafa effectue inlassablement les mêmes gestes : il tire sur son slip — « il a toujours eu un problème au niveau de son fessier » s'amuse Jofre Porta —, réajuste ensuite son haut en le soulevant légèrement au niveau des épaules, avant de recoiffer ses cheveux en passant sa main derrière les oreilles. Enfin, il s'essuie brièvement le nez à plusieurs reprises. Après ces longues secondes de préparation, sa main droite s'apprête à lancer la balle. Sa gestuelle avant de servir, c'est un peu comme la scène de la cuisine dans *Les Tontons Flingueurs* : tout le monde la connaît. Cette scène-là est un peu tout à la fois : répétitive, amusante, déroutante, voire énervante.

En fait, il est difficile de ne pas avoir un avis sur la question. Le journaliste Frédéric Verdier a le sien, et il a commenté un paquet de matchs de Rafael Nadal. « Pour être honnête, c'est un peu pénible à regarder. Ce qui est fou, c'est que même dans un tournoi ordinaire, il nous fait la même scène après chaque service : il se touche les oreilles, le nez, les cheveux, les fesses... Tous les joueurs ont des tics, mais à ce point-là, je n'avais jamais vu ça ! »

Cette fameuse scène a même été tournée en dérision. En 2020, lors de l'Open d'Australie, Nick Kyrgios et Gilles Simon se sont amusés à singer Rafa en reprenant ses mimiques au service, provoquant l'hilarité du public. Bref, on peut en rigoler, mais lui ne fait pas cela pour amuser la galerie.

« Ce qu'il fait avant d'engager un point, ce sont des actions qui touchent la partie kinesthésique, explique Makis Chamalidis. *Je me touche, je me rassure, ce sont des parties de mon corps, je passe un signal à mon corps.* C'est comme une check-list. En faisant cela, je ne m'occupe pas du score, de ce que fait mon adversaire. Je m'occupe de me mettre en condition. »

Vous vous en doutez, Rafael Nadal n'effectue pas cet enchaînement de micro-actions à l'entraînement. Plus que jamais, ce rituel ne trouve son sens qu'en compétition.

« La plupart des jeunes tennismen vont très vite avant de servir, raconte Jean-François Bachelot. Je pense qu'il a été éduqué et entraîné avec l'idée de prendre son temps, de préparer son point et de faire monter toute l'énergie nécessaire pour l'échange qui va arriver. Ce n'est pas facile de répéter les mêmes choses entre chaque point ! Si on doit parler de discours interne, il se dit : *Je me prépare comme j'ai l'habitude de faire. Et si je fais tout cela, je vais être prêt pour le point.* Donc, il s'exécute. »

« On oublie le fait qu'en mettant en place tous ces petits rituels, il se focalise sur le jeu en se posant des questions essentielles, ajoute Emmanuel Heussner. *Quel coup je dois choisir ? Quelle stratégie dois-je mettre en place pour mettre en péril mon adversaire et gagner le point ?* Cela fait des années que ça dure ! »

Des années que cela dure, en effet. Et des années que les adversaires de Rafael Nadal doivent composer avec un personnage, certes prévisible, mais toujours aussi déroutant.

« Dans l'ensemble, je ne regarde pas beaucoup mes adversaires pendant un match, raconte Benoit Paire. Quand on joue contre Rafael Nadal, on est plus focalisé sur le fait d'inscrire quelques jeux ! En réalité, j'ai rarement fait attention à ses mimiques dans nos affrontements. Lui fait ses choses, moi les miennes de mon côté. C'est la même chose lors des changements de côté. Je ne regarde pas ce qu'il fait. Je fais plus attention à mon clan, je m'efforce de rester concentré. Ses manies ne me dérangent pas. Au final, il fait un peu ce qu'il veut, non ? Cela lui réussit plutôt bien, donc il faut quand même respecter cela, dans la mesure où lui respecte les règles. »

Pour Makis Chamalidis : « Il est incontestable qu'affronter Rafael Nadal représente un challenge relevé. Vous avez un joueur en face de vous, qui, quel que soit le score, fait toujours les mêmes choses. C'est paradoxal, mais il a des attitudes robotiques, et en même temps, on voit que c'est quelqu'un de sensible et d'anxieux ».

« REMPLI DE SCRUPULES ET DE PEURS »

C'est vrai que cela peut paraître surprenant quand on voit l'attitude guerrière de Rafael Nadal, son apparente assurance sur un court de tennis, mais l'Espagnol est du genre « poule mouillée ». La mère du champion, Ana Maria Parera, nous rappelle que son fils « est au sommet du tennis mondial, mais au fond de lui, c'est quelqu'un d'excessivement sensible, rempli de scrupules et de peurs de toutes sortes que les gens qui ne le connaissent pas auraient du mal à soupçonner ».

Ainsi, le Majorquin changera de trottoir s'il croise un chien (on ignore s'il y a des races plus ou moins craintes), il est effrayé par les orages, par l'obscurité, à tel point que se retrouver tout seul chez lui le rend nerveux. Si vous avez le bonheur de faire un jour sa connaissance, évitez de lui

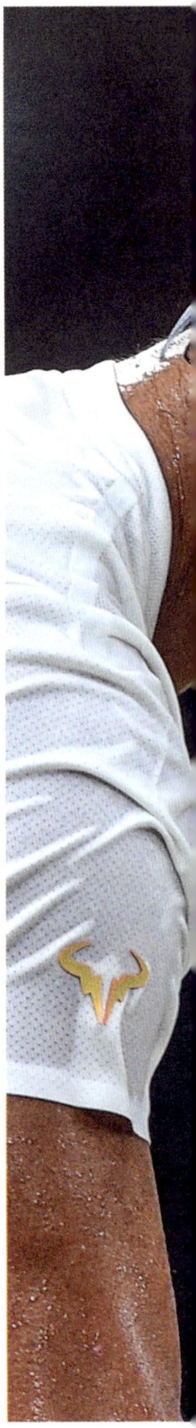

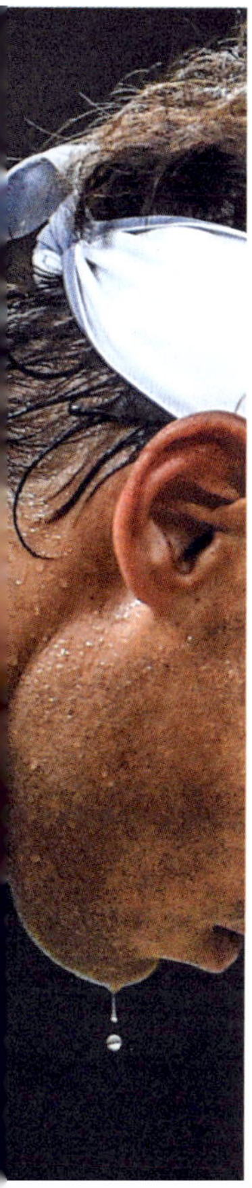

proposer un saut en parachute ou un grand huit dans une fête foraine, vous risqueriez d'avoir un refus. Devinez quel est son premier réflexe lorsqu'il descend de l'avion ? Il appelle sa maman. Cette peur, elle accompagne le champion sur les courts du monde entier.

Après de longues années à avoir observé l'Espagnol, Emmanuel Heussner reste perplexe. « Ce garçon a beaucoup de peurs, et c'est la raison pour laquelle il a tant de routines. Il arrive sur le court en tenant sa raquette dans la main gauche, il ne marche pas sur les lignes… À mon avis, on n'est pas loin d'être dans le domaine pathologique. Je pense qu'il a peur du public, du jugement. Ce garçon s'est fabriqué un monde dans lequel il s'imagine qu'il maîtrise tout, dont le jeu. Ce qui est totalement faux. Quand on y réfléchit, c'est même stupide : de croire qu'un joueur qui se gratte les fesses, l'oreille gauche ou l'oreille droite va mieux servir, cela n'a pas de sens. Par contre, lui y croit. Comme il s'agit d'une conviction, il vaut mieux la garder. »

« Rafael Nadal a une démarche quasi contre-phobique, explique Makis Chamalidis. Il met en place des choses pour ne pas penser, donc pour ne pas avoir peur. On peut avoir peur du noir ou du vide, mais lorsque l'on est dans son élément, quand on sait pourquoi on est là, alors on trouve du sens à ce que l'on fait. Lui trouve du sens à s'entraîner durement et à jouer de manière aussi intense. Cela relève de l'obsession. Et son obsession est plus forte que sa peur de mal faire. C'est quasiment une équation mathématique : *Je suis tellement obsédé par ce que j'ai à faire, ça marche ou pas, ce n'est pas le problème.* »

LE CONTRÔLE DES ÉMOTIONS

C'est ainsi que Rafael Nadal parvient à chasser son anxiété jusqu'à atteindre une parfaite maîtrise de ses émotions. Prenez le temps de revoir les plus grands matchs du Majorquin — et plus particulièrement ses revers les plus cuisants — et comptez le nombre de fois où Rafa extériorise sa frustration et sa colère. C'est rarissime.

« Ce garçon s'est fabriqué un monde dans lequel il s'imagine qu'il maîtrise tout, dont le jeu. »

« Si tu commences à jeter ta raquette, tu montres un signe de faiblesse à ton adversaire. En faisant cela, tu hypothèques tes chances de gagner, considère Jean-François Bachelot. Comme il n'a jamais eu ce geste d'humeur, il n'y pense même plus. Pour lui c'est très simple : ce n'est pas envisageable, c'est interdit, ça ne sert à rien. C'est un autre état d'esprit. Il regarde les choses sous un autre angle de vue. Et c'est lui qui a raison. Mais cela demande un travail dès le plus jeune âge. »

Le principal intéressé ne dit pas autre chose : « Dans ma famille, on ne m'a jamais autorisé à le faire. Pour moi, casser une raquette, cela veut dire qu'on ne contrôle plus ses émotions ».

En 2012, lors d'un séminaire d'entraîneurs, l'ancien coach de Gaël Monfils et de Jo-Wilfried Tsonga, Éric Winogradsky, a eu l'occasion de s'entretenir avec l'oncle et entraîneur de Rafa, Toni Nadal. On comprend mieux, du coup. « J'intervenais pour parler du comportement et de l'attitude des joueurs. C'est quelqu'un de très simple, qui dit les choses comme il les pense, sans blesser qui que ce soit. Pour lui, contrairement aux joueurs espagnols, la représentation du tennisman français est un joueur très bon techniquement, capable de jouer toutes les surfaces, mais il n'a pas l'attitude d'une personne qui se fixe des ambitions très élevées, à savoir gagner un Grand Chelem. Le type de joueur qui suscite le respect de Toni Nadal, c'est celui qui maîtrise ses émotions et son langage corporel. »

Selon Paul Dorochenko, directeur du centre international de rééducation du sportif de La Calderona, à Valence, cette aptitude de l'Espagnol à conserver son self-control est une prouesse.

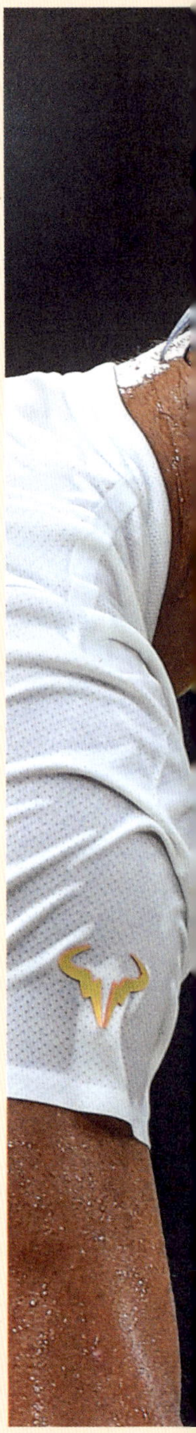

« Il y a quelque chose d'admirable dans ce que fait Rafael Nadal depuis si longtemps. Bien qu'il soit droitier de l'œil, et pourvu d'un cerveau gauche dominant, c'est-à-dire un cerveau très rationnel, très analytique, il a quand même un mental qui lui permet de passer au-dessus dcs émotions de ce type de cerveau. Les gauchers de l'œil, comme Roger Federer, sont des cerveaux droits. Ce sont des gens meilleurs sous pression parce qu'ils pensent beaucoup moins, ils sont dans l'action et jouent de façon plus naturelle. Le stress n'a pas vraiment de prise sur eux, ils arrivent à être au-dessus de ça. En revanche, si un joueur est homogène, et s'il dispute un match très serré, il va vraiment penser à l'importance du résultat et à ce qui va se passer après chaque point. Les *homogènes* ont ce problème de cogiter beaucoup trop sous stress important, et quand tu cogites trop, la motricité diminue. Plus ils pensent, moins ils sont bons. Malgré cela, Rafa arrive à gérer ses émotions. C'est quelque chose d'extraordinaire. »

C'est comme si la figure de Rafael Nadal prenait une dimension philosophique : avec son invraisemblable faculté d'abstraction, il est comme une incarnation du stoïcisme. Ce qui lui permet de rester dans sa bulle, encore et toujours.

CHAPITRE 4

L'ÉLU DE LA TERRE BATTUE

Si Rafael Nadal a eu une carrière à ce point couronnée de succès, c'est parce que l'Espagnol a trouvé le terrain de jeu idéal pour donner la pleine mesure de son talent : la terre battue. Sur cette surface, son jeu a parfois tutoyé la perfection. Son palmarès, lui, relève de l'inimaginable, de l'inconcevable.

Tenez-vous prêt : il y en a pour un bon moment. En plus de vingt ans de carrière, Rafael Nadal s'est adjugé tous les records. La star espagnole a remporté soixante-trois de ses quatre-vingt-douze titres sur terre battue, dont quatorze en Grand Chelem et vingt-six en Masters 1000. On retrouve loin derrière l'Argentin Guillermo Vilas, victorieux de quarante-neuf tournois, et l'Autrichien Thomas Muster, qui en a gagné quarante dont Roland-Garros en 1995. Quant à ses deux grands rivaux, Novak Djokovic et Roger Federer, ils cumulent à eux deux vingt-neuf titres sur cette surface…

RAFA ET ROLAND

Avec ses quatorze succès en autant de finales à Roland-Garros, inutile de préciser ce que représente Rafael Nadal dans l'histoire des Internationaux de France. Et inversement. Avant l'édition 2021, l'Espagnol a même inauguré une statue à son effigie : une œuvre en acier inoxydable conçue par le sculpteur ibérique Jordi Diez Fernandez, mesurant trois mètres de haut, près de cinq mètres de large et reliée à l'armature par onze filins. « C'est le tournoi le plus important de ma carrière, a déclaré Rafa en présence de son double en acier. Quand je viens ici, je me sens comme à la maison. » Tu m'étonnes.

Il faut rappeler que le Majorquin a mis la main sur le trophée dès sa première participation, en 2005, a enchaîné trois autres succès consécutifs, de 2006 à 2008, avant de s'incliner pour la première fois face au Suédois Robin Söderling, l'année suivante. La domination de Rafa à Paris reprend en 2010, et s'étend jusqu'en 2015, où il subit, en quart de finale, son unique défaite en trois sets face à Novak Djokovic. En 2016, il est contraint de déclarer forfait avant son troisième tour, en raison d'une blessure à un

poignet. Mais l'histoire d'amour entre le tournoi parisien et son roi est loin d'être terminée : il reprend son trône en 2017 et gagnera les trois éditions suivantes. En 2021, il connaît son troisième revers Porte d'Auteuil. Pourtant favori, l'Espagnol cède au stade des demi-finales face à un Novak Djokovic des grands soirs, au terme d'un match dantesque de plus de quatre heures. Tellement dantesque que le gouvernement ira jusqu'à lever le couvre-feu instauré pendant la crise sanitaire, un délicieux bonbon offert aux 5 000 spectateurs présents ce soir-là. En 2022, le phénix renaît de ses cendres : martyrisé par son pied gauche, Rafa n'a pas gagné un seul tournoi de préparation sur terre battue, une première pour lui. Son quatorzième sacre sur la terre parisienne semble utopique, il est pourtant bien réel et unique le 5 juin 2022. Au terme d'une quinzaine des plus éprouvantes, durant laquelle le champion envoie des signaux inquiétants, il réalise l'exploit de soulever, encore une fois, la Coupe des Mousquetaires. Définitivement, le lien est indéfectible entre *Rafa* et *Roland*.

Faisons les comptes, et cela ira vite : l'Espagnol a disputé cent-quinze matchs dans le tournoi parisien (un record), en a gagné cent-douze (un autre record), soit vingt-sept de plus que Novak Djokovic, trente-neuf de plus que Roger Federer. Et on vous laisse le meilleur pour la fin : Rafael Nadal a remporté Roland-Garros à quatre reprises sans perdre un seul set de toute la quinzaine : en 2008, 2010, 2017 et 2020. Naturellement, il a corrigé les plus grands dans la Ville Lumière : Roger Federer, Novak Djokovic, mais aussi Andy Murray, Stan Wawrinka, Dominic Thiem ou Juan Martin Del Potro, pour ne citer que des vainqueurs de tournois du Grand Chelem. Le tout en devant assumer le statut de grandissime favori, année après année.

> " *À chaque fois qu'il vient à Paris, il a comme un couperet au-dessus de la tête. »*

« Je ne pense pas qu'il arrive complètement détendu à Roland-Garros, dit Julien Reboullet, notre reporter à *L'Équipe*. À chaque fois qu'il vient à Paris, il a comme un couperet au-dessus de la tête. En fait, chaque année, il sait si sa saison est réussie après les Internationaux de France. Une fois qu'il gagne le tournoi, son année est déjà convaincante. Mais quelque part, il n'a pas le droit à l'erreur : c'est comme s'il passait son diplôme de l'année. Par conséquent, le plaisir arrive certainement au second plan derrière une forme de pression. Après Roland-Garros, c'est comme si c'était du bonus, parce qu'il a fait ce qu'il avait à faire à l'endroit où il se sent le mieux sur Terre. »

Ayant assisté de près à l'épopée fantastique de Rafael Nadal sur la planète tennis, le journaliste Frédéric Verdier estime que « le Majorquin abolit le hasard, à Roland-Garros particulièrement. Ça me laisse admiratif. Tu peux avoir en face un joueur en grande confiance, très fort, qui joue le tennis de sa vie, il va quand même se faire corriger par l'Espagnol, quel que soit l'âge de Rafa, quelle que soit sa forme. Novak Djokovic est le seul tennisman dont on peut dire avant une rencontre contre Nadal qu'il est favori. Mais dans mon esprit, et sans doute jusqu'à la fin, tous ses adversaires aux Internationaux de France ne peuvent être considérés comme favoris de la rencontre. Le patron de la terre battue, c'est lui. Personne d'autre ».

Ce sentiment est partagé par les joueurs du circuit. Le Serbe Novak Djokovic ne disait-il pas, en 2012, que Rafael Nadal « constituait le challenge absolu sur terre battue » ? On aime aussi la formule employée par l'Américain Kevin Kim, balayé par le Majorquin au premier tour de l'édition 2006 des Internationaux de France, et qui considérait que « jouer contre Rafael Nadal à Roland-Garros, c'est un peu comme être en plein milieu du Sahara sans nourriture et sans eau. Il y a très peu de chances de s'en sortir ». Stan Wawrinka, deuxième meilleur joueur suisse de l'histoire derrière Roger Federer, ne discute pas cette domination outrancière. Le 11 juin 2017, lors de sa deuxième finale à Roland-Garros, il tombe sur un Rafa dans une forme optimale, transcendé par l'idée de remporter un dixième sacre sur la terre battue parisienne. L'Espagnol s'impose 6-2, 6-3, 6-1, et aujourd'hui encore, Stan Wawrinka témoigne de son impuissance. « Sur terre battue, c'est quand même beaucoup plus dur de le pousser et de marquer des jeux. Je me suis fait exploser sur cette finale… C'est moins frustrant de jouer contre Roger Federer sur gazon. Tu ne vas pas gagner, mais tu peux grappiller et inscrire des jeux. »

« CE QU'IL A FAIT SUR TERRE BATTUE EST IRRÉEL »

Naturellement, l'appétit du Majorquin ne s'est pas limité au tournoi français. À Monte-Carlo, battre Rafael Nadal fut longtemps une consécration ultime. De 2003 à 2021, en dix-sept participations, le terrien a réussi l'exploit de soulever le trophée à onze reprises, un record qui ne risque pas d'être battu de sitôt. Ajoutez à cela une finale perdue et deux demi-finales. Le nombre de joueurs qui ont battu Rafael Nadal dans ce tournoi se compte sur les doigts d'une main : le Serbe Novak Djokovic (à deux reprises), l'Argentin Guillermo Coria, l'Espagnol David Ferrer, l'Italien Fabio Fognini et le dernier en date, le Russe Andrei Rublev.

À Rome, où les joueurs ont le privilège de jouer au *Foro Italico,* magnifique centre sportif situé au nord de la capitale italienne, Rafael Nadal a installé son drapeau depuis bien longtemps. En dix-huit apparitions, l'Espagnol s'est imposé dix fois et a disputé deux autres finales. Il a écœuré, dans la cité romaine, des légendes du jeu : Roger Federer, Novak Djokovic (à qui il a collé un 6-0 en finale du tournoi en 2019) et une flopée de noms ronflants : Stefanos Tsitsipas, Andy Murray, Marin Cilic, Stan Wawrinka, Fernando Gonzalez, Tomas Berdych et Alexander Zverev.

Le tournoi de Madrid, qui se déroule sur terre battue depuis 2009, peut s'enorgueillir d'avoir célébré quelques succès de l'Espagnol : cinq au total, en dix-huit apparitions. Il est à préciser qu'il ne porte guère la terre madrilène dans son cœur : la capitale espagnole étant située à 667 mètres d'altitude (contre 12 mètres à Barcelone et 35 à Paris), les conditions de jeu lui sont moins favorables. « Il aime faire gicler la balle. Et ça l'avantage de jouer avec des balles qui sont vives. Mais à Madrid, de par l'altitude, il a moins de contrôle, explique l'ancien joueur français Rodolphe Gilbert. S'il joue avec des balles lourdes, humides, l'impact de ses coups sera moindre ». Qu'à cela ne tienne ! Malgré ce désagrément, Rafa reste le joueur ayant remporté le plus de fois ce tournoi.

Enfin, à Barcelone, faut-il rappeler que depuis 2017, le court central porte le nom de... Rafael Nadal ? Point de folie, mais un honneur on ne peut

« Ce qu'il a fait sur terre battue est irréel. »

plus justifié au regard du formidable accomplissement de l'Espagnol en Catalogne. De 2003 à 2022, le champion n'a raté que trois éditions. Le nombre de finales disputées ? Douze. Son nombre de titres ? Douze. Son bilan lors des finales ? Vingt-sept sets remportés, seulement deux concédés…

Les chiffres donnent le tournis : avec 474 victoires pour seulement 45 défaites, soit 91 % de succès, Rafa possède un bilan sans équivalent sur terre battue. Il détient aussi la plus longue série d'invincibilité sur la surface rouge : 81 victoires consécutives, glanées entre avril 2005 et mai 2007. Enfin, il est le seul joueur à avoir remporté les quatre grands tournois sur cette surface la même année, en 2010 : Madrid, Rome, Monte-Carlo et Roland-Garros. « Ce qu'il a fait sur terre battue est irréel » estime Stéphane Robert, cinquantième joueur mondial en 2016.

LA TERRE D'ESPAGNE

Voilà qui nous amène à la question à dix-mille euros : comment peut-on expliquer une telle suprématie, dont il est difficile, reconnaissons-le, de trouver une équivalence tous sports confondus ?

C'est une combinaison de plusieurs paramètres, selon la joueuse française Alizé Cornet, dix-huit participations à Roland-Garros au compteur. « Il a le déplacement typique des joueurs espagnols, et cela joue un immense rôle dans sa réussite sur terre battue. Les glissades, le placement sur le court et j'en passe… De plus, l'effet qu'il met dans son coup droit et la manière dont il se décale lui permettent de frapper à n'importe quel endroit du court, parce qu'il s'ouvre des angles incroyables. Sa balle gicle tellement sur cette surface que cela devient injouable pour ses adversaires, repoussés le plus loin possible derrière la ligne de fond. En plus de cela, il vient désormais de plus en plus au filet, il arrive à raccourcir les points, ce qui rend le casse-tête insolvable pour ses adversaires. On voit aussi que c'est sa surface de prédilection, le revêtement sur lequel il a grandi, où il sent le jeu mieux que quiconque. »

Selon l'Association pour le Développement de la Terre Battue, la surface recouvre 84 % des courts en Espagne. Les Espagnols ont fait de la terre battue leur jardin. Faut-il rappeler qu'avant l'ouragan Nadal, de nombreux joueurs ibériques ont brillé sur cette surface ? Prenez le tournoi de Roland-Garros. Depuis la victoire de Manola Santana en 1961, ils sont six à s'être imposés dans la capitale française : Andres Gimeno, Sergi Bruguera, Carlos Moya, Albert Costa, Juan Carlos Ferrero et Rafael Nadal, donc. Chez les femmes, Arantxa Sanchez, avec ses trois succès entre 1989 et 1998, et à moindre mesure Garbine Muguruza, en 2016, ont également marqué l'histoire du tournoi. Autant de triomphes qui ne relèvent pas du hasard.

« Les joueurs espagnols grandissent sur terre battue, explique Emilio Sanchez, quart-de-finaliste à Roland-Garros en 1988. C'est une surface exigeante, sur laquelle la balle va moins vite que sur herbe ou sur dur. Cela t'oblige à jouer beaucoup plus de coups... Par conséquent, les joueurs espagnols travaillent très tôt leur mobilité sur le court. Quand tu dois jouer tout petit toutes les balles sur tous les points, tu deviens forcément plus fort physiquement et mentalement. »

L'entraîneur majorquin Jofre Porta, qui a connu Rafa à l'âge de huit ans, précise : « Sur l'île de Majorque, 90 % des courts sont recouverts de terre battue. Rafa a joué en grande partie sur cette surface, mais pas toujours. Le club où il était, *Le Manacor Club*, mettait aussi à disposition des courts sur dur. Mais il ne savait pas que quasiment tous les terrains à Majorque étaient sur terre battue. »

La prédominance des courts de terre battue en Espagne est une première explication, mais ce n'est évidemment pas la seule. Si cela était aussi simple, les meilleurs joueurs ibériques de ces dernières années — hormis Rafael Nadal — Roberto Bautista-Agut, Pablo Carreño Busta ou Albert Ramos-Viñolas auraient déjà atteint le dernier carré de Roland-Garros. Or, ce n'est jamais arrivé.

UN K.-O. TENNISTIQUE

La force de Rafael Nadal réside dans le fait qu'il maîtrise toutes les spécificités du jeu sur terre battue. Et ce n'est pas une mince performance. Car la terre ocre, apparue en 1880 à Cannes, sur une idée de deux frères anglais, William et Ernest Renshaw, qui cherchaient un moyen d'épargner les terrains en herbe abîmés par la chaleur, est une surface difficile à dompter, l'aire de jeu la plus exigeante physiquement. Et le tournoi de Roland-Garros est certainement le plus compliqué à dominer dans la durée.

« Il faut pouvoir tenir parce que sur terre battue, la balle va moins vite et tu peux jouer de très longs échanges, explique Jofre Porta. Le système du jeu de Rafa et sa propension à lutter l'aident beaucoup à appréhender le jeu sur cette surface. »

Malgré les années, Rafael Nadal reste l'un des joueurs les plus endurants du circuit. Son aptitude à balayer sa ligne de fond de court tout en usant son adversaire n'est plus à démontrer. L'ancienne numéro un mondial Justine Henin a connu un sacré règne aux Internationaux de France. Alors certes, il n'est pas aussi long que celui de l'Espagnol, mais avec quatre victoires en cinq éditions, entre 2002 et 2007, la joueuse belge a illuminé les courts parisiens et procuré au public bien des frissons. Et il faut avouer que son avis nous intéresse quelque peu. « Il a cette capacité à imposer une cadence infernale sur terre battue : il parvient à reproduire les mêmes efforts encore et encore... Que ce soit le premier point du match ou un échange en fin de rencontre, il va vous imposer la même intensité. Cette régularité dans l'intensité qu'il dicte fait qu'il y a très peu de moments de relâchement. On peut l'assimiler à une machine, même si on connaît tout le travail qu'il y a derrière. »

Arnaud Clément a eu affaire à la machine, en 2004, lors de la demi-finale de Coupe Davis entre la France et l'Espagne, disputée sur la terre battue d'Alicante. Ça lui fait tout drôle, de se replonger dans cette rencontre. « Le début de match est assez accroché, il y a quatre jeux partout

« Que ce soit le premier point du match ou un échange en fin de rencontre, il va vous imposer la même intensité. »

dans le premier set. Je joue très bien et, dans ma tête, je me dis qu'il n'a que dix-huit ans, et que si je continue à ce niveau-là, il ne va pas tenir… Guy Forget [capitaine de l'Équipe de France de Coupe Davis cette année-là] trouvait que le match se déroulait plutôt bien. Le problème, c'est qu'à un moment donné, il est monté d'un cran, à un niveau auquel je ne pouvais pas accéder. Je me suis retrouvé très vite d'une situation que je maîtrisais à un match dans lequel je suis mené 6-4, 6-1, 5-0 [le Français s'inclinera 6-4, 6-1, 6-2]… Sans avoir l'impression de mal jouer, mais avec le sentiment d'être impuissant et de ne pas réussir à le déborder, à faire des coups gagnants face à un joueur qui est toujours sur la balle, qui joue juste et qui, surtout, ne lâche jamais un point. L'intensité permanente que ce gamin de dix-huit ans était capable d'imprimer était assez étonnante… Aujourd'hui, j'en parle avec un peu de recul, mais sur le moment, c'est comme si j'avais pris un K.-O. tennistique. Je ne comprenais pas ce qu'il s'était passé et comment j'avais pu être dominé à ce point par un gars aussi jeune. »

Arnaud Clément n'est pas le seul à avoir pris l'ouragan ibérique de plein fouet, à voir les points défiler comme s'il s'agissait d'une fatalité. Sur les cent-douze succès de Rafael Nadal à Roland-Garros, quatre-vingt-sept ont été obtenus en seulement trois sets. L'Espagnol n'a été poussé qu'à trois reprises dans une cinquième manche : face à John Isner, Novak Djokovic et Felix Auger-Aliassime. Ces derniers ont tous perdu. Ce bilan surréaliste en dit long sur l'incapacité des joueurs à supporter le rythme imposé par le champion ibérique.

LA GIFLE QUI FAIT MAL

Cette fameuse intensité que parvient à mettre l'Espagnol doit beaucoup à son coup droit, le fameux *lasso*, terriblement usant pour ses adversaires. D'autant plus que comme l'indique l'ancien joueur professionnel Arnaud Di Pasquale, « il a encore plus de temps pour s'organiser sur terre battue. Étant donné qu'il va vite, il est capable de jouer encore plus en coup droit. Cette puissance lui permet d'être monstrueux sur cette surface ».

Andrey Rublev, l'un des représentants de la nouvelle génération russe, a un ratio positif face à Rafa sur terre battue. Si, si, ça existe. Bon, en même temps, il n'y a eu qu'un match. À Monte Carlo, en 2021. Et le joueur de vingt-cinq ans s'était imposé avec la manière : 6-2, 4-6, 6-2. Mais ce n'est pas une raison pour faire le fanfaron. « Sur terre battue, il a l'un des meilleurs coups droits du circuit. La manière dont il accélère le jeu est incroyable. Il n'est pas le seul : moi-même, Dominic Thiem, sommes capables de mettre de la vitesse côté coup droit. Mais Rafa a cette capacité d'accélérer si rapidement, si puissamment... Vous pouvez voir la différence avec les autres joueurs ! »

Si le coup droit de Rafael Nadal est aussi redoutable sur terre battue, c'est parce que sa puissance est pleine de maîtrise. On oserait dire qu'il ressemble à une bonne vieille recette de cuisine : l'Espagnol met trois cuillères de puissance, y ajoute des angles invraisemblables et termine avec un ingrédient indispensable : son lift dévastateur, « le meilleur dans l'histoire du tennis » selon Jofre Porta. Cette capacité qu'a le Majorquin à donner de la rotation à la balle et donc à la rendre difficilement contrôlable constitue sa signature.

Rodolphe Gilbert s'amuse à définir le lift comme une tradition ibérique. « On a souvent dit que les Espagnols faisaient gicler la balle. Ils utilisent pour la plupart des prises assez fermées sur leur raquette, avec un grand coup de poignet quand ils frappent la balle. Je pense que le premier joueur à avoir mis autant de lift est Sergi Bruguera [double vainqueur de Roland-Garros en 1993 et 1994]. Il a lancé toute une lignée de joueurs

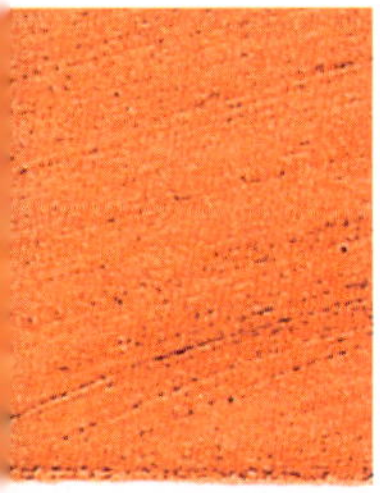

qui ont commencé à intégrer le lift dans leur jeu. Mais Rafael Nadal, c'est encore une autre dimension. Il est plus puissant et le matériel lui a apporté un vrai plus. Pour avoir joué avec sa raquette, la *Babolat Pure Aero*, je peux vous dire qu'elle vous aide pour mettre du lift ! Elle est moins performante si vous jouez à plat. Cette raquette, en plus du cordage que Rafael Nadal utilise, favorise vraiment les effets. Cela aurait été plus dur de mettre autant de lift avec les raquettes en boyau qu'on utilisait dans les années 1970. Mais ce dont il faut se rendre compte, c'est que ce n'est pas tant la violence que vous mettez dans une balle qui va vous faire progresser, mais c'est d'arriver à en frapper 10 000. C'est la répétition qui fait de vous un excellent joueur, et cet aspect est impressionnant chez lui. »

Il y a quelques années, grâce à l'utilisation d'un système vidéo d'images qui capture tous les gestes techniques des tennismen, le site américain Tennisplayer a mis en évidence la violence avec laquelle Rafael Nadal frappe la balle en coup droit et le caractère révolutionnaire de son lift. Lorsqu'une balle entre en contact avec le tamis de la raquette d'un joueur professionnel lambda, celle-ci effectue 2 500 tours par minute en moyenne. Mais la balle de l'Espagnol bat tous les records : elle peut atteindre jusqu'à 5 000 tours par minute, sa moyenne se situant aux alentours de 3 500 tours. À titre de comparaison, celle de Roger Federer peut enregistrer — mais c'est exceptionnel — 4 000 tours par minute, quand les anciens Pete Sampras et Andre Agassi ne faisaient tourner leur balle qu'à 1 600 tours en moyenne. C'est dire si le lift de Rafael Nadal est inédit, et donc tellement difficile à appréhender pour ses opposants.

Précision loin d'être futile : la terre battue génère davantage de rebond que les autres surfaces. Pour Justine Henin, Rafa dispose de l'arme ultime. « C'est une gifle qui fait mal. Il arrive à utiliser son coup droit dans toutes les zones de jeu, parvient à sortir ses adversaires du court, à les user sur leur côté revers. Il peut trouver de la variété grâce à ce coup, mais il y aura toujours la même lourdeur. C'est pour cette raison que c'est si dur pour ses adversaires : étant donné que sa balle gicle, il faut jouer au-dessus de l'épaule en permanence et, pour les joueurs qui ont un revers à une main, c'est très compliqué ! C'est l'un des coups les plus efficaces que l'on connaisse. »

Selon le statisticien et expert data Fabrice Sbarro, « son lift explique grandement l'efficacité de son coup droit. Les chiffres montrent que plus on est capable de donner de la rotation à la balle, plus on a un bon coup droit. La seule exception à cette règle, c'est l'Espagnol Roberto Bautista-Agut [neuvième joueur mondial en 2019 et demi-finaliste à Wimbledon la même année] : il développe peu de rotation, mais il compense grâce à un jeu de jambes phénoménal ».

L'ancien joueur belge Steve Darcis, retraité depuis 2020, n'a jamais caché son admiration. « Il a un coup droit exceptionnel. Il a une telle violence dans ses coups, met tellement d'effets que la balle devient très difficile à contrôler lorsqu'elle rebondit. La violence de ses coups droits lui a permis, dans ses premières années, de gagner énormément de points et de matchs. Je peux vous dire que l'on se rend compte de la violence de l'effet et de la manière dont la balle réagit quand elle touche le sol. En fait, quand la balle se rapproche de toi, elle prend de la vitesse, de la hauteur, et quand elle arrive sur ta raquette, elle s'envole si tu n'es pas bien placé et très solide à l'impact. »

GLISSADES ET INTELLIGENCE

Avez-vous déjà observé de manière attentive Rafael Nadal se mouvoir sur un court de terre battue ? Son explosivité et sa coordination sont à montrer dans toutes les écoles de tennis. Chaque mouvement, chaque course, chaque prise d'appui : tout est maîtrisé. Et c'est aussi l'une des clés de sa réussite sur cette surface.

« Il possède à la fois une force du bas du corps qu'on pourrait comparer à celle d'un skieur, c'est-à-dire des attitudes vraiment basses où il est très ancré dans le sol, et dans le même temps, des pieds qui vont très vite, analyse le préparateur physique Sebastien Durand, qui collabore avec le Bulgare Grigor Dimitrov. Du coup, son jeu de jambes est exceptionnel : quand vous voyez la vitesse avec laquelle il se décale en coup droit alors que la balle est quasiment dans le couloir, tout en trouvant un équilibre pour engager énormément… On voit que c'est bas, ses pieds vont très

« Son lift dévastateur est le meilleur dans l'histoire du tennis. »

très vite, il s'ajuste parfaitement. Aujourd'hui, il semble parfois un peu lent et c'est logique, mais cela reste à un niveau très élevé. »

Sur terre battue, il est nécessaire de maîtriser l'art de la glissade. C'est essentiel pour optimiser ses déplacements. Et Rafa est un maître en la matière.

« On ne se déplace pas sur terre battue comme on se déplace sur dur, explique Justine Henin. Sans me comparer à Rafael Nadal, loin de là, je suis arrivée à sortir du lot sur cette surface notamment grâce à ma capacité à me déplacer mieux que mes adversaires. Bien glisser est important à bien des égards : cela vous permet d'appréhender la terre battue, de couvrir davantage de terrain. Chez Rafa, il faut prendre en compte toute la dimension athlétique : il sait comment générer de la puissance sur ce revêtement et cela vient de son jeu de jambes et de ses glissades. »

Paul Quétin, coordinateur de l'entraînement physique au Centre National d'Entraînement, nous en dit un peu plus. « Il glisse parfaitement grâce à son excellente qualité musculaire. Sur terre battue, on voit beaucoup de joueurs qui glissent de manière intempestive parce qu'ils ne contrôlent pas le haut de leur corps : ils ne sont pas assez gainés, pas assez équilibrés, ce qui fait qu'ils engagent le buste au lieu d'engager le bassin. À l'inverse, Rafael Nadal réussit à être bien ancré au sol, il ne glisse pas lors du démarrage, mais au moment de la frappe, il arrive à être équilibré parce qu'il est puissant du bas du corps. En résumé : la force du haut du corps lui permet de ne pas glisser au démarrage, et la force de ses jambes lui permet de contrôler la glissade au moment de la frappe ou en fin de course. »

Pour vous rendre compte de l'importance de la glissade sur terre battue, rappelez-vous des prestations du légendaire Pete Sampras aux Internationaux de France. Le joueur américain, vainqueur de quatorze tournois du Grand Chelem dont sept à Wimbledon, n'a jamais soulevé la Coupe des Mousquetaires parce qu'il ne s'est jamais véritablement adapté aux spécificités du jeu sur cette surface.

« Sur terre battue, tu dois avoir une intelligence tactique supérieure que sur surface dure. »

« Il a toujours couru de la même manière, que ce soit sur surface dure ou sur terre battue, analyse Rodolphe Gilbert. Je frappe et ensuite je glisse. Sur terre, c'est différent, tu dois courir, glisser, frapper la balle avant de repartir. En fonction de la balle que l'on va recevoir, il faut maîtriser à la fois la glissade de la jambe gauche et la glissade de la jambe droite. Rafael Nadal est capable de contrôler les deux. Concrètement, cela veut dire que s'il joue un revers, il peut réaliser une glissade avec sa jambe droite ou avec sa jambe gauche. Cela dépend de la situation dans laquelle il se trouve. Il se déplace très bien latéralement, mais tout aussi bien vers l'avant. On le voit lorsqu'il doit jouer des amorties : il court, il glisse, il fait croire qu'il va jouer long de ligne et, au dernier moment, il fait un tout autre coup grâce à un super coup de poignet. Pour faire de bonnes glissades, le joueur se livre physiquement, il est donc primordial d'avoir de bons appuis et de bonnes chevilles. »

La qualité de déplacement de Rafael Nadal, mais aussi son sens de l'anticipation, font de lui un défenseur hors pair. Vous l'avez remarqué : il est bien difficile de déborder le joueur espagnol sur terre battue.

« Il est hors norme en défense sur toutes les surfaces, affirme Alizé Cornet. Mais c'est vrai que sur terre battue, avec le paramètre de la glissade, il est encore plus indébordable. En plus, je trouve que son placement sur terre est vraiment parfait, il a une vista incroyable, il couvre vraiment tous les angles. Aujourd'hui, il n'est plus tout jeune, et pourtant il se déplace comme il y a quinze ans... Je le trouve même plus affuté qu'avant : il s'est asséché, il est encore plus dense, encore plus costaud. Je trouve ça très fort de garder cette constance physique avec un jeu aussi exigeant que le sien. »

Un autre atout du guerrier espagnol, c'est qu'il sollicite son cerveau. Il réfléchit. Et pas qu'un peu. Et cela est encore plus vrai ces dernières années. Si un match de tennis est une partie d'échecs, Rafa place ses pions avec patience.

« Sur terre battue, tu dois avoir une intelligence tactique supérieure que sur surface dure, estime Jofre Porta. Les coups que tu joues ne suffisent pas. Il faut avoir de la créativité. Et Rafael Nadal est spectaculaire dans ce domaine. »

Réfléchir, pour évoluer. Pour s'adapter à l'adversité. Pour durer dans le temps, aussi. Selon Justine Henin, « le Rafael Nadal qui gagne son premier Roland-Garros n'est pas le même que celui qui s'impose lors de l'édition 2022. Il a gardé ses qualités intrinsèques de terrien, mais il a développé un jeu beaucoup plus agressif, davantage tourné vers l'avant, afin de s'épargner des blessures ».

Arnaud Clément pose un regard admiratif sur cette aptitude de l'Espagnol. « Son intelligence de jeu est remarquable. Il a cette capacité à s'adapter en permanence aux situations, à ses adversaires. Il est capable de faire évoluer son jeu en fonction des besoins, peut changer de tactique s'il se rend compte que son plan de jeu initial n'est pas le bon. Mais on oublie de dire que ce qu'il met en place dès le début d'un match marche souvent très bien !

Je me souviens de la finale de Roland-Garros en 2020, qui s'est déroulée en octobre. Beaucoup disaient que Novak Djokovic allait s'imposer, parce qu'à cette période de l'année, il fait froid, et le lift de Rafael Nadal est censé être moins efficace… Mais l'approche tactique de Rafa sur cette finale était parfaite. Le fait d'avoir des trajectoires très hautes, avec des balles sans vie, pour que le Serbe ne puisse pas s'appuyer sur sa balle… Et il l'a fait à bon escient, juste de temps en temps, pas en permanence. Il garde toujours la base de son jeu, mais il apporte des petites touches, çà et là, au bon moment. Il ne cesse de penser, et on a l'impression qu'il sait exactement ce qu'il veut faire sur le coup suivant et pourquoi il le fait. »

LA FORCE TRANQUILLE

Après tout ce que l'on vient de se dire, on peut aisément deviner le pouvoir d'intimidation dont a joui Rafael Nadal après ses premiers succès à Roland-Garros. Le fameux ascendant psychologique.

« Je ne compte pas le nombre de matchs qu'il a gagnés pendant l'échauffement ou lors des premiers points, affirme Arnaud Di Pasquale. Beaucoup de joueurs se sont sentis impuissants face à un joueur aussi complet et aussi fort. »

Il est amusant de se pencher sur le bilan de Rafa sur terre battue face à certains joueurs ayant accédé au Top dix mondial. Bref, de sacrés clients. L'Espagnol a gagné quatorze de ses seize matchs sur cette surface contre Roger Federer, bien heureux de la défaite prématurée de son rival en 2009, l'année de son unique titre à Roland-Garros. Huit victoires à une face à Stan Wawrinka. Vingt victoires à deux contre son compatriote David Ferrer. Le Bulgare Grigor Dimitrov, troisième joueur mondial en 2017, n'a gagné aucun de leurs six duels. Pas mieux pour les Français Gael Monfils et Richard Gasquet, respectivement dominés à six et huit reprises. On ne compte pas les joueurs méconnus renvoyés à leurs études en un coup droit. Pour de nombreux adversaires de Rafa, c'est comme si la malédiction s'était installée pour ne plus jamais déguerpir.

Emilio Sanchez est content de ne pas être de la même génération que son compatriote. « Même s'il frappe très fort, Rafael Nadal donne cette impression d'être facile sur le court. Et ça, c'est décourageant pour ses adversaires ! Nombre d'entre eux se disent qu'ils ne peuvent pas jouer comme cela pendant cinq sets. Par conséquent, beaucoup lâchent les armes rapidement. »

Comme si cela ne suffisait pas, il se dit que Rafael Nadal aurait profité du fait de jouer un paquet de fois sur le Central des Internationaux de France, le court Philippe Chatrier. L'Espagnol a remporté dans cette enceinte ses quatorze finales à Roland-Garros, disputées entre 2005 et 2022.

Et Rafa s'y sent comme à la maison. « Jouer Rafael Nadal sur le court Philippe Chatrier est le plus grand défi que vous puissiez avoir, connaissant son record ici. » déclarait en 2021 Novak Djokovic, avant de faire tomber le roi de son trône en demi-finale.

Soixante-et-unième joueur mondial en 1992, Rodolphe Gilbert a participé à huit reprises à Roland-Garros. Il se charge de la visite guidée : « Ce court est tellement grand, en termes de distances, de profondeur sur les côtés, entre la ligne de fond et les tribunes. Quand tu te retrouves dessus, les perspectives de jeu sont différentes. Tu as le sentiment d'avoir beaucoup plus de profondeur, ce qui est faux puisque les dimensions sont les mêmes que sur un autre court ! J'étais perturbé la première fois que j'ai joué sur le Central. Je n'arrivais pas à trouver mes repères. Est-ce à dire que ce terrain avantage Rafael Nadal ? Difficile de se prononcer. Il est certain qu'il va trouver des angles croisés sans doute plus facilement, ce qui permet de sortir l'adversaire du court et de l'obliger à faire un effort supplémentaire. Mais je pense que c'est plus une question d'habitude : c'est son jardin, il a joué tellement de matchs dessus ! »

Après le quatorzième titre de l'Espagnol à Roland-Garros, l'ancien joueur croate Ivan Ljubicic émettait même l'idée de renommer le court Philippe Chatrier en court Rafael Nadal. Une idée loin d'être saugrenue.

LA RÉFÉRENCE ULTIME

Le palmarès pléthorique de Rafael Nadal sur terre battue, les records qu'il s'est octroyés font de lui un modèle sur cette surface. En avril 2022, avant le tournoi de Madrid, Naomi Osaka, victorieuse de quatre tournois du Grand Chelem (mais aucun à Roland-Garros) disait s'être inspirée du maître de l'ocre, pour enfin réussir sur terre battue. « Je pense que je lui ai piqué l'une des méthodes qu'il emploie et l'ai appliquée à l'entraînement récemment, déclarait la Japonaise qui s'est entraînée pendant plusieurs jours à Majorque, sur les terres de Rafa. C'est comme si j'avais une corde de plus à mon arc. »

Il n'y pas l'ombre d'un débat pour le joueur espagnol Pablo Carreño-Busta, qui n'a jamais réussi à prendre un set à Rafa sur terre battue. « C'est le meilleur joueur de l'histoire sur cette surface. Il l'a démontré à de multiples reprises. Si tu lui laisses le court, il se montre très agressif et t'assomme avec son coup droit. C'est un joueur qui défend très bien, qui contre parfaitement et qui peut faire très mal avec son service. Et quand tu sers contre lui, il te met en difficulté dès son retour ! Il est le joueur complet par excellence, contre qui tu dois faire le maximum pour qu'il ne te domine pas... Mais s'il prend l'initiative dans le jeu, tu es pratiquement mort ! »

Au final, depuis son premier titre à Roland-Garros, en 2005, ils ne sont que dix-neuf à avoir réussi l'exploit de faire tomber Rafael Nadal sur sa terre fétiche. Ceux qui l'ont battu plus de deux fois sur cette période ne sont que trois. Novak Djokovic, avec huit succès, puis Dominic Thiem (quatre) et Fabio Fognini (trois) occupent les premières places. Le joueur grec Stefanos Tsitsipas a connu ce bonheur une fois — et c'est déjà pas mal — au tournoi de Madrid en 2019. « J'ai de très bons souvenirs de cette première victoire contre lui, c'était un de mes moments forts de l'année et je m'en souviens comme si c'était hier. Je pense que vous devez être dans un bon jour pour le battre, bien jouer, bien courir, faire tout bien et notamment servir parfaitement, particulièrement sur terre battue. La clé pour le vaincre, c'est d'être agressif, de ne pas lui laisser le temps de s'organiser parce qu'il est très bon sur terre battue, et même si vous donnez le meilleur de vous-même, vous ne réussissez pas forcément. Je pense que j'ai vraiment bien joué ce jour-là, sans peur, en me disant que je n'avais rien à perdre, et c'est ce qui m'a aidé à livrer une telle performance. Mais c'est l'une de mes victoires les plus difficiles. J'ai mis plus que mon âme pour le vaincre. »

" C'est l'une de mes victoires les plus difficiles. J'ai mis plus que mon âme pour le vaincre. »

CHAPITRE 5

GUERRIER GAUCHER

Il est habituel et légitime de s'attarder sur les spécificités d'un champion aussi dominant dans sa discipline, en y cherchant un lien avec son destin hors du commun. En ce qui concerne Rafael Nadal, l'une de ses plus évidentes particularités est son appartenance à la caste des gauchers. Si ces derniers restent minoritaires en société, ils bénéficient, dans le monde du sport, d'une mystérieuse aura qui leur conférerait divers avantages sur leurs homologues droitiers.

« C'est une belle épée. Son jeu est net. Il a de l'attaque, pas de feintes perdues, du poignet, du frétillement, de l'éclair, la parade juste, et des ripostes mathématiques, bigre ! et il est gaucher. »
Victor Hugo, *Les Misérables*, 1862.

En effet, dans l'inconscient collectif, le sportif gaucher a ce petit quelque chose qui le rend différent, intrigant, voire imprévisible, comme s'il était doté d'un super-pouvoir qui se refuse aux autres joueurs. Vous ne l'avez peut-être pas remarqué, mais des légendes du sport telles que Lionel Messi, Diego Maradona, Manny Pacquiao, John McEnroe ou Jonny Wilkinson ont cette particularité. L'intégration du Majorquin dans ce club n'avait cependant rien d'une évidence.

DROITIER DANS LA VIE

Si le multiple vainqueur de Roland-Garros joue bien de la main gauche, il n'est pas à proprement parler gaucher. L'histoire nous apprend que pour les choses de la vie quotidienne, Rafael Nadal est droitier. « J'écris de la main droite, quand je joue au basket ou au golf ou encore aux fléchettes, je joue aussi de la main droite. Pourtant, au football, je joue du côté gauche ; mon pied gauche est plus fort que le droit » explique le champion dans sa biographie *Rafa*.

Pour entrer dans les détails, l'Espagnol était un enfant droitier de la main avec un œil directeur droit, soit un droitier classique, comme 70 % de la population. « Quand on lit ce que raconte son oncle Toni, il est clair que Rafael Nadal a commencé à jouer des deux mains, que ce soit en

coup droit ou en revers, détaille Paul Dorochenko. En fait, il avait les deux mains sur le manche de la raquette, comme le faisaient le Français Fabrice Santoro et l'Américain Jan-Michael Gambill, comme le font de nombreux enfants parce qu'ils n'ont pas beaucoup de force et qu'une raquette est quand même assez lourde. »

> **"**
>
> *Il avait les deux mains sur le manche de la raquette, comme le faisait le Français Fabrice Santoro. »*

Comment le jeune Rafael Nadal, qui commence son apprentissage dans une configuration très classique (droitier et œil directeur droit) est-il passé à des caractéristiques qui concernent une minorité de gauchers (main gauche et œil directeur droit) ? Jofre Porta, nous dévoile les prémices de ce bouleversement : « Toni Nadal m'a demandé ce que je pensais du fait qu'il joue son coup droit et son revers à deux mains. Il faut dire que beaucoup de joueurs ont commencé à jouer des deux mains, comme Roger Federer. C'est plus courant que ce que l'on pense. Je lui ai répondu que les plus grands joueurs avaient un coup droit à une main, et que ceux qui avaient un coup droit à deux mains n'étaient pas les plus grands champions. Même s'il y pensait déjà, cela a décidé Toni Nadal à procéder à des changements dans le jeu de son neveu. »

Le technicien espagnol est lui-même décrit comme quelqu'un de « dur » par Rafa. Si son implication dans la carrière exceptionnelle du champion ibérique est indéniable, il n'en fallait pas plus pour que certains voient dans cette *gaucherie improvisée* un schéma décidé par l'oncle et imposé dès son plus jeune âge à son neveu. En réalité, il ne s'agit que d'une légende persistante, car ce changement ne s'est pas opéré sous la contrainte.
« J'ai lu dans certains reportages des nouveaux médias que Toni m'avait obligé à jouer de la main gauche afin de faire de moi un adversaire plus redoutable, dit le Taureau de Manacor. Eh bien, c'est faux. C'est une

histoire inventée par les journalistes. La vérité est que j'ai commencé à jouer très petit, et comme je n'avais pas la force de passer la balle par-dessus le filet, je tenais la raquette à deux mains, autant en coup droit qu'en revers. Alors mon oncle a dit un jour : *Il n'existe aucun professionnel qui joue à deux mains, et ce n'est pas nous qui allons innover, il faut donc que tu changes.* C'est ce que j'ai fait et c'est la main gauche qui m'est venue naturellement. Pourquoi ? Je n'en sais rien. »

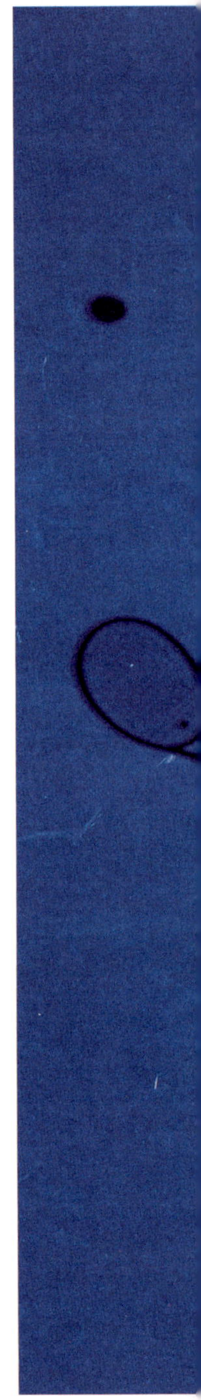

MAIN GAUCHE ET LATÉRALITÉ

Paul Dorochenko a été le premier kinésithérapeute privé sur le circuit professionnel, lui valant de collaborer avec la joueuse française Nathalie Tauziat dans les années 1980 ou avec Roger Federer dans les années 1990. Il s'est beaucoup intéressé aux neurosciences et à la question de la latéralité dans le sport, autrement dit la préférence d'une personne à se servir, pour les choses de la vie quotidienne, d'une main, mais aussi d'un pied ou d'un œil plutôt qu'un autre. La latéralité manuelle peut être changeante dans les premières années, puis le choix de la main dominante se stabilise vers l'âge de cinq ans.

« Quand Rafael Nadal a commencé à lâcher une main, il a lâché la main droite pour jouer un coup droit de la main gauche, tout en continuant à jouer le revers des deux mains. Quand un enfant commence à jouer de façon précoce, il voit clairement qu'il y a un côté plus facile en coup droit. Spontanément, de nombreux enfants choisissent de jouer en croisé, c'est-à-dire avec la main opposée à l'œil directeur qui n'est pas forcément la main avec laquelle ils écrivent ou avec laquelle ils font les choses de la vie. Étant donné que l'œil directeur de Rafael Nadal est le droit, il a naturellement décidé d'utiliser sa main gauche. La pratique du tennis est d'ailleurs la seule chose qu'il fait avec cette main. C'est un choix qui se comprend : quand tu es gaucher et que tu regardes la balle avec ton œil droit, le plan de frappe est beaucoup plus avancé que si tu frappes en droitier homogène. Si tu joues en droitier homogène, c'est-à-dire droitier de la main et droitier de l'œil, le plan de frappe est un peu plus derrière, il y a donc plus de difficultés sur le plan technique. Rafa a pris

« Quand Rafael Nadal a commencé à lâcher une main, il a lâché la main droite pour jouer un coup droit de la main gauche, tout en continuant à jouer le revers des deux mains. »

la même voie que son entraîneur actuel, Carlos Moya, qui était gaucher dans la vie, mais qui a joué de la main droite tout au long de sa carrière. Et c'est un joueur qui a été numéro un mondial et qui était doté d'un très grand coup droit. »

Cette latéralité dite croisée, « présente dans le tennis de haut niveau à 60 % contre 30 % dans la vie normale », selon Paul Dorochenko, permet donc à Rafael Nadal d'avoir un excellent coup droit, et la remarque est également valable pour Roger Federer, qui est droitier de la main mais avec un œil directeur gauche. Et avoir un bon coup droit dans le tennis d'aujourd'hui, ça aide. « Quand tu es croisé, le coup droit est le coup naturel, et aujourd'hui, si on regarde les statistiques de l'ATP, on constate que deux coups sur trois se gagnent sur le coup droit. Donc avoir un grand coup droit est mieux qu'avoir un grand revers. Si on décortique les matchs de Rafael Nadal, on voit que, généralement, les erreurs arrivent du côté revers. »

UN ATOUT POUR LE SPORT DE HAUT NIVEAU ?

L'option prise par Rafael Nadal dans ses jeunes années peut-elle être considérée comme un coup de génie ? Les gauchers, qui représentent 10 à 13 % de la population mondiale, font l'objet de nombreuses études s'interrogeant sur leurs avantages supposés dans le sport.

« Dans certains sports, on peut penser que les gauchers disposent d'un petit avantage, estime Simon Grondin, professeur de psychologie à l'Université de Laval, à Quebec, qui a consacré un chapitre à la latéralité dans son livre *Le hockey vu du divan*. L'histoire la plus marquante nous renvoie aux Jeux Olympiques de Moscou, en 1980, où les huit escrimeurs engagés en finale étaient gauchers, ce qui est hautement improbable. »

Qu'il serait tentant, en se raccrochant à cette anecdote, d'y voir la preuve irréfutable d'une supériorité naturelle des sportifs gauchers ! De continuer à confirmer, d'une certaine manière, la véracité de certains clichés : on entend souvent dire que dans les sports de balle, comme le football

ou le basket-ball, les gauchers possèdent un toucher de balle supérieur à la normale. Dans les sports de confrontation, comme la boxe, l'escrime ou le tennis, la croyance populaire veut que les droitiers soient souvent déstabilisés face à des adversaires gauchers.

Chercheur en neurosciences et ancien médecin des fédérations française et internationale d'escrime, Guy Azémar a effectué plusieurs études dans le domaine de la latéralité. Son travail s'est attaché à mettre en lumière les prédispositions des gauchers en matière de sport, plutôt que s'intéresser à leur rareté. « Le cerveau se compose de deux moitiés (hémisphères) effectuant chacune des tâches différentes, et chez les gauchers, ces fonctions sont réparties de manière plus égale entre les deux côtés, explique-t-il dans son ouvrage *L'Homme asymétrique*. Par exemple, chez un joueur de tennis gaucher, le contrôle des mouvements et une partie de la gestion de l'espace sont effectués sur le côté droit du cerveau. Cela signifie que le processus du joueur voyant la balle venir et la frappant réellement est géré par le même hémisphère. Les gauchers s'efforcent de réduire la longueur des trajectoires à intercepter, raccourcissant ainsi les délais disponibles pour traiter les informations pertinentes. Les droitiers, pour leur part, apprécient davantage les longues trajectoires qui favorisent la précision et le développement d'actions plus construites. »

Une étude menée par le chercheur allemand en sciences sportives, Florian Loffing, parue en novembre 2017, propose une interprétation intéressante et nuancée, en restreignant les atouts potentiels de l'athlète gaucher à certains sports. « Si on regarde le tennis de table, l'escrime, la boxe ou le cricket, on peut constater qu'il y a beaucoup de gauchers parmi les meilleurs. Cela n'est pas le cas dans des disciplines comme l'athlétisme, le snooker ou la natation. Si l'on prend en compte les sports de raquette, il y a plus de gauchers en tennis de table qu'en tennis. La raison est la suivante : le tennis de table est un sport plus rapide, dans lequel vous devez parfaitement lire le jeu de votre adversaire, anticiper ses gestes. Et dans cette discipline, vous ne disposez que de quelques millièmes de seconde pour évaluer la trajectoire de la balle et la renvoyer. En résumé, plus le temps de réaction est court, plus il est difficile de s'ajuster au mauvais côté, et plus l'avantage du gaucher est criant. »

Les travaux de Florian Loffing font état d'une surreprésentation des gauchers à haut niveau dans les sports professionnels masculins où les temps de réaction sont les plus courts. Cela vaut pour le tennis de table, le cricket ou le baseball. Cet écart avec le pourcentage de gauchers de la population générale tend à s'atténuer dans des disciplines où les temps de réaction sont plus longs.

Ainsi, au tennis de table, où le temps de réaction est en moyenne de 600 millièmes de seconde, les gauchers représentaient 26 %[1] des joueurs du top 100 entre 2009 et 2014. En tennis, sur la même période, la tendance tombe à quasiment 14 %[1] dans le top 100, alors que le temps de réaction moyen est estimé au double de celui du tennis de table, soit 1200 millièmes de seconde.

Il semblerait donc que le tennis ne soit pas un sport où les gauchers tirent profit de leur particularité. L'histoire le montre : sur les vingt-six joueurs ayant été numéro un mondial depuis la création du classement ATP en 1973, cinq seulement sont gauchers : Jimmy Connors, John McEnroe, Thomas Muster, Marcelo Rios et Rafael Nadal, donc, même si ce dernier peut être considéré comme un « faux gaucher ». La proportion de gauchers sur le circuit professionnel a même tendance à décroître : ils étaient dix-neuf parmi les cent meilleurs mondiaux en 1979, ils ne sont plus que quatorze en 2022. Et aujourd'hui, Rafael Nadal est le seul tennisman doté de cette particularité à figurer parmi les dix meilleurs joueurs au monde.

Paul Dorochenko pense connaître l'une des raisons qui explique ce constat. « Le tennis d'aujourd'hui est tellement violent, les joueurs frappent tellement la balle, qu'il y a moins d'espace pour la créativité. La puissance a pris le pas sur la créativité. Si l'on regarde avec attention les gauchers actuels, comme Denis Shapovalov ou Federico Delbonis, ce sont essentiellement des gros frappeurs. Il n'y a plus de gauchers comme John McEnroe, qui tripotaient la balle et qui parvenaient à trouver de la variété dans leur jeu. »

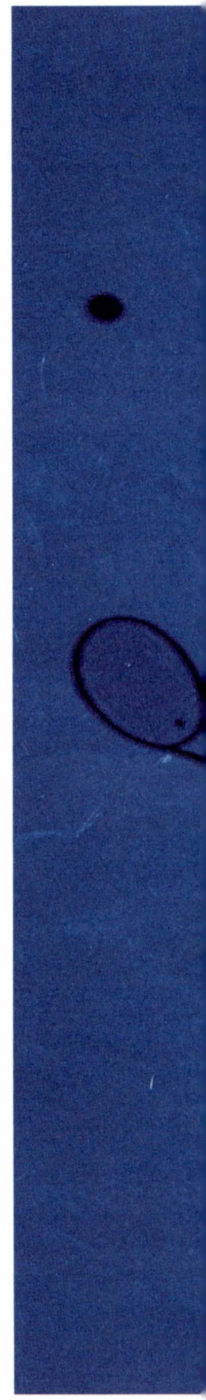

---

[1] La proportion de pongistes gauchers dans le top 100 entre 2009 et 2014 est précisément de 25,82 %. Celle des tennismen gauchers est de 13,92 %. L'étude prend en compte les cent meilleurs joueurs de chaque discipline en fin de saison.

LE LUXE DE LA RARETÉ

Et si l'avantage du tennisman gaucher tenait avant tout à sa rareté ? Cela relève de l'évidence : étant donné que le circuit ATP ne compte que peu de gauchers, le fait même d'en affronter un constitue une exception.

« Les joueurs de tennis n'affrontent pas beaucoup de gauchers, remarque Sebastien Grosjean, capitaine de l'équipe de France de Coupe Davis. Rafael Nadal a des schémas déjà bien établis quand il joue des droitiers. Si vous regardez bien, lorsqu'il joue un gaucher, il doit effectuer quelques ajustements. » Le joueur espagnol bénéficierait de ce que l'on appelle l'effet négatif de la fréquence perceptuelle, une notion développée dans une étude menée par les psychologues du sport Norbert Hagemann et Arndt Ziegler. La théorie nous apprend que, statistiquement, les athlètes rencontrant plus d'adversaires droitiers que d'adversaires gauchers, ils trouvent, face à ces derniers, les angles, la rotation ou la direction plus difficiles à lire.

« L'avantage dont dispose Rafael Nadal, c'est de forcer son opposant à voir les choses différemment, explique Simon Grondin. Si les coups viennent le plus souvent d'un certain angle, si on joue tout le temps contre un droitier, alors on est habitué à composer et se placer sur le jeu en fonction de ça. Si vous affrontez soudainement Rafael Nadal, vous devez faire des ajustements alors que lui n'a pas à se réadapter s'il affronte un droitier. Mais ça n'est sans doute pas un si gros avantage, dans la mesure où les grands champions ont joué contre tellement de joueurs aux profils différents. » Paul Dorochenko nous donne des précisions sur les avantages dont disposent les tennismen qui jouent de la main gauche : « Les trajectoires des gauchers, notamment au service, sont un peu différentes. Dans la diagonale importante qui est la diagonale des avantages [le joueur qui retourne est sur le côté gauche du terrain], les gauchers peuvent servir très ouvert et le joueur qui retourne va devoir renvoyer la balle en étant excentré du court. D'une manière générale, ils ont une créativité un peu supérieure. On peut aussi supposer qu'ils sont plus avantagés dans leurs prises de décisions et en termes de rapidité. »

« UN ROULEAU COMPRESSEUR »

Alors qu'en est-il concrètement, sur un court de tennis, lorsque se dresse face à vous Rafael Nadal ? Donnons la parole à l'ancien joueur français Florent Serra, trente-sixième joueur mondial en 2006, adversaire de Rafa à trois reprises au cours de sa carrière.

« À la base, sa qualité de balle et son lift sont des armes phénoménales. Et en plus de cela, le fait d'être gaucher lui donne un avantage dans la mesure où ça lui permet de trouver des angles incroyables. Avec son coup droit croisé qui tombe sur ton revers, il te déporte du terrain de la même manière que lorsque tu retournes un service. Après t'avoir sorti du court, il a tout le terrain pour conclure l'échange. Il peut enchaîner avec un coup droit le long de la ligne ou il peut te prendre à contre-pied alors que tu essaies de te replacer. À y réfléchir, je préférais mille fois affronter Roger Federer. Le style de jeu de Rafael Nadal me faisait jouer trop loin de ma ligne de fond de court et il me baladait. J'avais le sentiment d'avoir en face un rouleau compresseur qui ne rate pas, contrairement à Federer qui va offrir des points, ce qui te donne l'impression de toujours pouvoir revenir. »
De fait, en trois duels, le Français n'est jamais parvenu à prendre un set au Majorquin. Et il n'est sûrement pas le seul à avoir ressenti sur le court ce sentiment d'impuissance que génèrent pour ses adversaires les qualités tennistiques de Nadal combinées à son statut de gaucher.

PLUS D'UN ATOUT DANS SA MANCHE (GAUCHE)

Si rien ne permet d'affirmer définitivement qu'un Rafael Nadal droitier aurait été moins performant, on peut en revanche supposer que les adversaires du Majorquin auraient vécu des moments moins délicats si ce dernier avait décidé, tout petit, de choisir sa main droite. Aussi, il est fort probable que les droitiers dotés d'un revers à une main se seraient mieux accommodés d'un Nadal droitier. Son coup fort — le coup droit

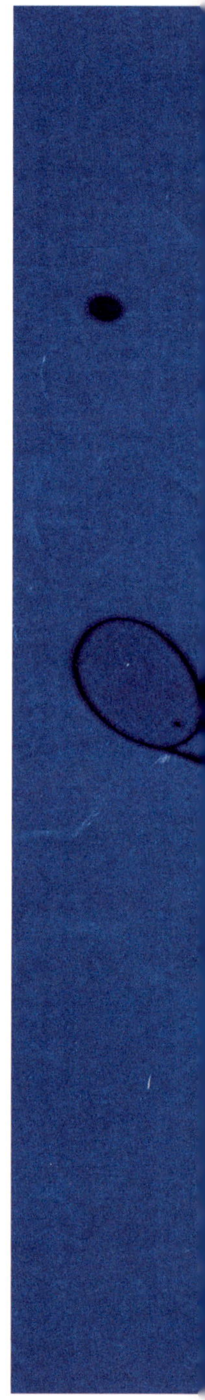

« Cette configuration – coup droit de Rafael Nadal sur le revers de son adversaire – lui a conféré un avantage certain, notamment sur terre battue. »

« Il faut être un très bon gaucher pour que ce soit réellement un avantage. »

— aurait sans doute été moins compliqué à gérer dans un schéma classique.

Camille Pin, ancienne joueuse professionnelle de tennis, explicite clairement le problème tactique que propose le champion à ses adversaires… Et les nuits d'insomnies qu'ont dû vivre leurs entraîneurs, chargés d'établir un plan de jeu. « Étant donné qu'il joue de la main gauche, son coup droit naturel [un coup droit croisé] arrive sur le revers de ses adversaires. Vu la façon dont sa balle gicle et prend de la hauteur, c'est extrêmement difficile de renvoyer la balle. En revers, c'est très compliqué de frapper à hauteur d'épaule. C'est beaucoup plus facile de contrôler sa balle en coup droit. Cette configuration — coup droit de Rafael Nadal sur le revers de son adversaire — lui a conféré un avantage certain, notamment sur terre battue. En réalité, le fait qu'il soit gaucher se marie parfaitement avec sa puissance et la qualité de sa balle. »

Paul Dorochenko est tout à fait de cet avis. « Les gauchers ont cette capacité de pouvoir frapper des coups droits lourds sur le revers de leurs opposants. C'est important parce qu'on sait que le revers — surtout à une main — demande beaucoup plus d'énergie que le coup droit. »

Olivier Mutis, qui a atteint les huitièmes de finales à Roland-Garros en 2004, voit la gaucherie de Rafa comme un élément clé de sa rivalité avec Roger Federer. « Je pense que le fait qu'il joue de la main gauche l'a vraiment avantagé dans ses duels avec Roger Federer. Rafa a souvent insisté sur le revers à une main du Suisse. C'est pour cette raison que le ratio de leurs confrontations est largement favorable à l'Espagnol. » Vingt-quatre victoires à seize pour le Majorquin, faut-il le rappeler. Et le Suisse n'a jamais caché à quel point il était éprouvant de jouer une multitude de revers à hauteur d'épaule.

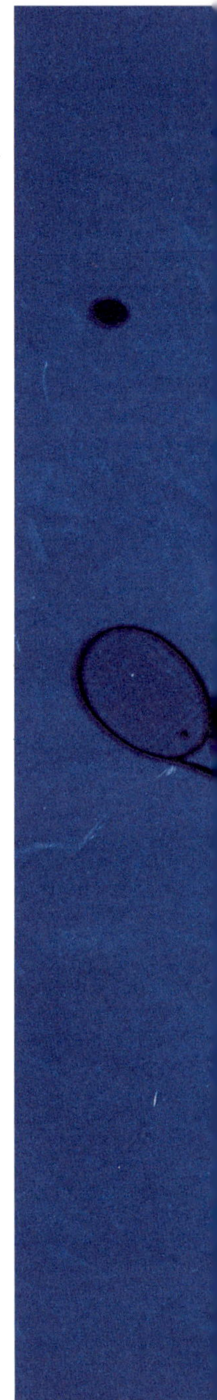

Il ne faudrait pas négliger non plus le caractère particulier de la gaucherie de Rafa. Comme nous l'avons indiqué, le Majorquin fait les choses de la vie quotidienne avec la main droite. En d'autres termes, ce dernier est habile et véloce des deux bras. « Avoir davantage de sensation et de contrôle sur les deux mains que la plupart des joueurs est certainement un atout en ma faveur, surtout sur les balles croisées où une force supplémentaire fait la différence » souligne le champion.

Ce point-là est important, selon Arnaud Di Pasquale, qui voit Rafa « comme un ambidextre, d'une certaine manière. Je suis persuadé que si on lui donne une balle à lancer le plus loin possible, il est capable de prendre sa main droite. Quand tu vois son revers aujourd'hui, c'est quand même sa main droite qui lui permet de faire des coups gagnants. Je pense que s'il n'avait pas eu la possibilité de jouer des deux côtés, il n'aurait pas pu être aussi performant en revers ».

Ce n'est pas nous qui le disons mais Florent Serra : « Il est incontestable qu'un Nadal droitier aurait été moins fort qu'un Nadal gaucher. »

Laissons le soin à Camille Pin de clore la discussion, non sans nuance. « Je pense que cela a été un très bon choix pour lui de choisir la main gauche. Tactiquement, le fait d'être gaucher lui a permis d'avoir des schémas de jeu d'une force hallucinante. Il aurait été très fort de la main droite aussi, mais aurait-il gagné autant de fois Roland-Garros ? Difficile à dire. Ce qui est sûr, c'est qu'il faut être un très bon gaucher pour que ce soit réellement un avantage. »

Avantage Nadal, donc.

Chapitre 6

UNE LONGÉVITÉ STUPÉFIANTE

La carrière de Rafael Nadal, aussi prolifique soit-elle, n'a en aucun cas été un long fleuve tranquille. Et c'est un doux euphémisme. Durant ses vingt-deux années passées sur le circuit, l'Espagnol a dû composer avec de multiples blessures. La liste est aussi longue que son palmarès : genoux, épaules, abdominaux, poignets, côtes, cuisses, dos ou pied gauche, partie du corps qui est la plus vulnérable à en croire ces dernières saisons. Certains en viennent même à se questionner sur l'état physique du Majorquin à la fin de sa carrière.

Ce qui force l'admiration chez Rafa, c'est qu'en dépit de cette cascade de contrariétés, il est parvenu, entre 2005 et 2022, à rester au plus haut niveau. À figurer parmi les dix meilleurs joueurs au monde, pendant dix-sept ans de suite. *À figurer parmi les dix meilleurs joueurs au monde pendant dix-sept ans de suite.* Il n'y a pas de faute de frappe, on veut juste s'assurer que vous imprimez bien cette information tellement on la trouve surréaliste. Et puis surtout, Rafa a gagné. Beaucoup. Et cela constitue une performance aussi incroyable qu'inattendue.

« Je pensais que ce type, à vingt-cinq ou vingt-six ans, serait complètement cramé physiquement, avouait en 2020 l'ancien numéro un mondial Andy Roddick dans l'émission de télévision Tennis Channel. Rafael Nadal a eu tellement de blessures, mais il s'est toujours remis pour revenir plus fort, et c'est ce que je trouve le plus étonnant chez lui. ».

UN JEU ÉNERGIVORE

Il y a une multitude d'explications à ces innombrables coups d'arrêt. La première, c'est que le tennis est un sport exigeant, traumatisant pour le corps à bien des égards.

« La répétition des gestes explique les soucis physiques que rencontrent les tennismen, précise Jacques Rodineau, médecin et spécialiste de la traumatologie du sport. Il y a toute une pathologie de l'épaule et du poignet qui est très fréquente, notamment tendineuse. La cheville et les tendons qui relient les muscles de la jambe aux os du pied sont également

mis à rude épreuve : tendon d'Achille, tendon péronier et tendon tibial postérieur. On retrouve aussi toute une pathologie du genou, mais en tennis, c'est davantage tendineux qu'articulaire. »

> **Je pensais que ce type, à vingt-cinq ou vingt-six ans, serait complètement cramé physiquement. »**

Cela ne va pas vous étonner, mais le quotidien d'un joueur de tennis professionnel n'est pas vraiment de tout repos. Entre les séances d'entraînement, les matchs en compétition et les déplacements dans le monde entier, les tennismen sont soumis à un rythme extrêmement soutenu.

Pour Jean-Bernard Fabre, docteur en physiologie et en biomécanique : « Il y a quelque chose de très simple à comprendre. On ne peut associer le sport-santé et le sport de très haut niveau. Il faut savoir que les sportifs professionnels passent les trois quarts de l'année à avoir mal quelque part. En tennis, le circuit mondial est une machine à laver ! Les joueurs ont une résistance mentale hors norme, et rien que pour cela, on devrait les vénérer. »

Dans ce cas, vénérons-les. Mais lorsqu'on évoque le Majorquin, on a comme la sensation qu'il ne s'est pas facilité la tâche de par la nature de son jeu.

« Il n'y a rien de plus normal que son corps soit rattrapé par sa dépense d'énergie, estime l'ancien joueur et entraîneur Éric Winogradsky. Il tire un maximum sur la machine. Tout ce qui est articulations et attaches souffre beaucoup plus que quand on est dans la gestion. Il met tellement d'intensité sur chaque frappe, chaque déplacement, chaque ajustement, chaque intention... Il ne fait rien sans être à cent pour cent. »

Il est vrai que lorsqu'on revoit Rafael Nadal dans ses premières années, nous ne pouvons être qu'abasourdis par l'énergie qu'il met du premier au dernier point. Prenez son grand rival, Roger Federer. Le Suisse possède un jeu tout autre : moins physique, plus aérien. On a souvent dit que la légende helvétique caressait la balle, quand l'Espagnol l'explosait littéralement. Et on ne peut pas dire que ce dernier ait baissé en intensité avec les années.

« Rafael Nadal a un style de jeu qu'il a lui-même choisi, précise Jean-Paul Loth. Il a cette envie d'aller au bout de lui-même. À un moment, tu ne peux pas ne jamais être blessé. »

Aujourd'hui, le trentenaire fait figure de survivant, à une époque où la surcharge des calendriers favorise les efforts répétés et accroît le risque de blessures.

« Au tennis, la fatigue dépend du nombre de mouvements et d'accélérations que vous faites pendant un match, explique Mathilde Poignard, docteur en sciences du sport à l'INSEP. C'est cela qui provoque les courbatures et les dommages musculaires. Quand on voit le style de jeu de Rafael Nadal, sa propension à jouer des points relativement longs par rapport à Roger Federer par exemple, on peut penser qu'il ressent plus de fatigue après un match, étant donné qu'il parcourt plus de distances, qu'il va effectuer des mouvements explosifs plus importants.

En résumé, le nombre de mouvements effectués, la distance parcourue et la durée d'un match impactent la fatigue chez un joueur de tennis. Aussi, un match n'induit pas forcément de fatigue à proprement parler, c'est vraiment l'enchaînement de plusieurs rencontres tout au long d'un tournoi, comprenant des périodes de récupération limitées, qui va créer une fatigue accumulée. On peut imaginer que Rafael Nadal, qui va souvent loin dans les tournois, accumule beaucoup plus de fatigue que des joueurs qui perdent au premier ou au deuxième tour. »

D'une certaine manière, l'Espagnol a payé le fait d'être trop talentueux. De trop jouer. De ne jamais lâcher, nous y reviendrons. Résultat, durant toute sa carrière, le Majorquin a dû faire l'impasse sur de nombreux tournois du Grand Chelem. La liste de ses absences pour blessure est affolante : l'Open d'Australie en 2006 et 2013, Roland-Garros en 2004,

Wimbledon en 2004, 2009, 2016, 2021 et l'US Open en 2012, 2014 et 2021... Au final, dix tournois manqués depuis sa première participation à un Majeur, en 2003. N'oublions pas non plus qu'il s'est retiré à cinq reprises en cours de Grand Chelem, la dernière fois à Wimbledon en 2022, à cause d'une blessure abdominale. À titre de comparaison, le Suisse Roger Federer n'a raté que huit tournois du Grand Chelem pour cause de blessure, entre 1999 et 2022. Le Serbe Novak Djokovic fait figure de roc, puisqu'il n'a manqué que l'US Open en 2017, en raison d'une blessure au coude.

UN CORPS MEURTRI SUR DUR

En réalité, le corps de Rafael Nadal n'a jamais été trop martyrisé sur terre battue, sa surface fétiche. « Les contraintes y sont moins fortes, explique Paul Quétin, préparateur physique depuis plus de trente ans, aujourd'hui à la Fédération française de tennis. Il s'agit d'une surface sur laquelle son jeu de jambes est parfaitement adapté. »

Mais entre le champion espagnol et les surfaces dures, le mariage a été pour le moins difficile. Prenons le cas du Masters 1000 de Paris-Bercy, tournoi indoor organisé en novembre et que Rafael Nadal n'a jamais gagné. Son bilan dans ce tournoi est révélateur de ses difficultés à pouvoir enchaîner des matchs sur ce revêtement tout en évitant à son corps de trop grandes souffrances. D'autant plus en toute fin de saison.

Sa première participation au tournoi de Bercy date de 2007. Entre 2007 et 2021, Rafael Nadal a raté pas moins de sept éditions. En 2010, c'est une tendinite au bras gauche qui le contraint à déclarer forfait quelques jours avant le début de la compétition. L'année suivante, par prévention sans doute, l'Espagnol fait l'impasse sur le tournoi parisien afin de mieux se préparer pour le Masters de fin d'année. En 2012, il ne figure toujours pas parmi les joueurs inscrits : absent des courts depuis le tournoi de Wimbledon, il s'estime encore trop juste après une grave blessure au genou. Il fera son grand retour en 2013, atteignant les demi-finales du tournoi. Mais il se fait de nouveau porter pâle en 2014 (l'Espagnol devait se faire opérer de l'appendicite), en 2016 (en raison d'une blessure à un poignet), refait une brève apparition en 2017 (il jette l'éponge avant son quart de finale à cause d'un pépin au genou droit), avant de disparaître de nouveau en 2018 (il déclare forfait avant son premier match, à cause d'une blessure aux abdominaux) ! En 2019, cinq mois après son douzième titre à Roland-Garros, le grand retour de Rafael Nadal à Bercy laisse comme un goût d'inachevé : après avoir remporté ses trois premiers matchs avec autorité, il annonce son retrait avant sa demi-finale face au Canadien Denis Shapovalov. Cette année-là, c'est encore une blessure aux abdominaux qui stoppe prématurément le parcours du joueur ibérique. Plus récemment, en 2021, son forfait est acté dès le mois d'août, quand Rafa décide de tirer un trait sur sa saison en raison de ses douleurs chroniques au pied gauche.

Avec ses yeux de spécialiste du physique des sportifs de haut niveau, Paul Quétin nous donne quelques éléments d'explication. « Il est parvenu à adapter son jeu pour être performant et gagner sur toutes les autres surfaces. En revanche, son corps ne s'est jamais véritablement habitué aux changements de revêtement, en particulier sur dur. Mais cette surface est plus traumatisante pour tous les joueurs. Ses nombreux problèmes aux genoux ne sont pas anodins : il va vite, il met un impact très fort dans ses changements de direction, il y a davantage de blocages que de glissades comme sur terre battue, ce sont autant de contraintes articulaires et musculaires. Quand ces efforts sont répétés encore et encore, les blessures arrivent inévitablement, surtout lorsque vous êtes un joueur avec une forte masse musculaire comme l'est Rafael Nadal. Les joueurs à fort gabarit sont plus souvent blessés qu'un garçon comme Novak Djokovic, plus léger, et qui gère mieux les changements de direction sur cette surface. »

Sur dur, les genoux de l'Espagnol lui ont causé de nombreux tracas. Le genou droit lui a régulièrement joué des tours entre 2008 et 2010, l'obligeant à observer de longues périodes de repos. Après le tournoi de Wimbledon en 2012, c'est une rupture partielle du tendon rotulien qui le contraint à stopper sa saison. Il ne reviendra que sept mois plus tard, après avoir renoncé aux Jeux Olympiques de Londres, à l'US Open et à l'Open d'Australie. En 2017, le cauchemar reprend : son genou droit grince de nouveau,

« Rafael Nadal a un style de jeu qu'il a lui-même choisi, il a cette envie d'aller au bout de lui-même. À un moment, tu ne peux pas ne jamais être blessé. »

« *Il a appris à jouer avec cette douleur.* »

et Rafa annonce après son premier match au Masters la fin de sa saison. Deux ans plus tard, ce sont les spectateurs d'Indian Wells qui sont privés d'un duel entre l'Espagnol et Roger Federer, en raison d'un énième pépin physique.

« Il y a des joueurs qui sont un peu fragiles au niveau des chevilles, d'autres au niveau des genoux, d'autres encore au niveau des hanches, comme Andy Murray, explique le préparateur physique Sébastien Durand. Chaque joueur a sa spécificité en fonction de sa mobilité articulaire, du tonus musculaire, de la manière de bouger. C'est propre à la posture et à la morphologie des personnes. Lui a des genoux qui sont manifestement fragiles. Cela s'est vu particulièrement sur dur. C'est sur cette surface que les changements de direction sont les plus traumatisants parce que les appuis sont beaucoup plus agressifs. »

Sur gazon ? Si Rafael Nadal a souvent brillé au tournoi de Wimbledon — deux titres et trois autres finales, entre 2006 et 2011 —, cela ne signifie pas que la surface est moins traumatisante.

« Ce revêtement est souple, en revanche le rebond est très bas. Par conséquent il faut tout le temps être très bas également, précise Sébastien Durand. Avoir cette posture sollicite beaucoup les tendons rotuliens. Cela n'a rien à voir avec la terre battue, où les glissades atténuent les ondes de choc et la pression qui est mise au niveau des articulations. C'est pour cette raison qu'il est toujours conseillé pour les personnes plus âgées de jouer sur terre battue. »

PLUS FORT QUE LA DOULEUR

La question a longtemps été sur toutes les lèvres : comment Rafael Nadal a-t-il pu surmonter tous ces obstacles pour réaliser la carrière que l'on sait ?

Christophe Ceccaldi, kinésithérapeute à la Fédération française de tennis, évoque « un garçon avec une génétique exceptionnelle. On a presque l'impression qu'il s'agit d'un gène familial. De plus, je pense qu'il a une très bonne hygiène de vie, qui s'explique sans doute par son quotidien sur son île, le fait qu'il baigne dans un entourage très familial... »

Un autre atout de Rafael Nadal (façon de parler) « c'est qu'il est finalement assez constant dans le type de blessures qu'il contracte, rappelle Paul Quétin. C'est avant tout son genou qui est à l'origine de ses problèmes physiques. Il y a d'autres joueurs, comme John Isner, Kei Nishikori ou Juan Martin Del Potro qui ont connu des blessures beaucoup plus variées. Du coup, c'est quelque chose qu'il sait soigner, qu'il sait plus ou moins gérer. Il a appris à jouer avec cette douleur ».

La force mentale qu'a développée le champion lui permet aussi d'appréhender les moments plus délicats avec le recul nécessaire, de ne pas s'apitoyer sur son sort.

« Quand on est blessé, on n'est pas bien psychologiquement, et c'est justement dans ces moments que la tête prend le relais, dit Sébastien Durand. On se souvient de Thomas Muster [le joueur autrichien a remporté Roland-Garros en 1995 avant de devenir numéro un mondial l'année suivante] qui, après avoir été renversé par une voiture, continuait à s'entraîner avec une jambe dans le plâtre grâce à un banc spécialement confectionné pour lui. Rafa est du même acabit. Il fait partie de ces joueurs qui, quels que soient l'adversité ou les problèmes qui vont se mettre en travers de leur chemin, auront toujours une détermination exceptionnelle. »

Ainsi, le tennisman espagnol possède une capacité à gérer la douleur comme personne. Cette force — ou cette insouciance diront certains —

Babolat
Pure
AUSTRALIA

« C'est le mystère absolu, mais il y a chez lui quelque chose de l'ordre du dépassement qui est incomparable. »

Rafael Nadal semble la posséder depuis son plus jeune âge.

Notre journaliste de *L'Équipe*, Julien Reboullet, nous ramène en 2004. « Rafael Nadal joue contre Richard Gasquet à Estoril, au Portugal, alors qu'il a une fracture au pied. Étant donné qu'il a déjà abandonné contre le Français un an plus tôt, au Challenger de Saint-Jean-de-Luz, il lui était inconcevable de jeter l'éponge encore une fois. Après ce match, qu'il remporte en trois manches, il se retire du tournoi et déclare forfait pour Roland-Garros. L'année d'après, Rafa gagne le tournoi de Madrid en finale contre le Croate Ivan Ljubicic. Il ne pouvait plus marcher après leur rencontre en cinq sets. En quittant le court, il a été porté des deux côtés pour aller au vestiaire à cause de douleurs insupportables [l'Espagnol avouera des années plus tard avoir souffert d'une fracture totale du pied gauche]. C'est le mystère absolu, mais il y a chez lui quelque chose de l'ordre du dépassement qui est incomparable. »

En 2021, interrogé sur la blessure de Novak Djokovic lors de l'Open d'Australie — une déchirure aux abdominaux — Rafael Nadal confiait avoir débuté l'édition 2009 de l'Us Open avec le même mal. Chose rare quand on sait la propension des grands champions à ne pas trop en dire sur leur corps, l'Espagnol avait donné quelques détails. Pendant le tournoi, cette déchirure était passée de 6 à 26 millimètres, ce qui ne l'avait pas empêché de poursuivre la compétition et d'atteindre les demi-finales ! « Ce n'était pas une décision très intelligente », a-t-il reconnu, douze ans plus tard. La blessure était effectivement trop contraignante, et Rafa fut privé de finale, balayé par un Juan Martin Del Potro intraitable.

Rien d'étonnant, donc, de constater que l'Espagnol n'a abandonné qu'à trois reprises lors de tournois du Grand Chelem. La première fois contre Andy Murray, à Melbourne, en 2010. La seconde face à Marin Cilic, toujours lors du tournoi australien, en 2018. La même année, il s'avoue vaincu par la douleur et par Juan Martin Del Potro en demi-finale de l'US Open.

Sans compter les fois où même un chien aveugle aurait remarqué la souffrance de Rafael Nadal sur le court. À l'occasion de la finale de l'Open d'Australie en 2014 contre Stan Wawrinka, par exemple. Lors d'une défaite dans le même tournoi face à son ami David Ferrer en 2011. Mais à chaque fois, le respect de l'adversaire prenait le dessus.

Selon Éric Winogradsky, « il est certain qu'il a joué des matchs où il n'était pas en possession de toutes ses capacités physiques. Et quand il abandonne ou qu'il ne peut pas continuer sa route sur un tournoi, c'est qu'il met trop en danger son intégrité physique pour la suite de sa carrière. Je pense que certains de ses proches savent très bien qu'il a réussi à se surpasser à de nombreuses occasions, malgré des blessures et des douleurs qui auraient contraint d'autres joueurs à ne même pas rentrer sur le terrain ».

CE MAUDIT PIED

Le seuil de tolérance à la douleur insensé du Majorquin atteint son paroxysme lors de la saison sur terre battue jusqu'à Roland-Garros, en 2022. Rafa a parcouru un très douloureux chemin avant de soulever pour la quatorzième fois la Coupe des Mousquetaires. Il faut se souvenir, déjà, des images de l'Espagnol au summum de la souffrance un mois plus tôt, à Rome. Lors de son match contre le Canadien Denis Shapovalov, il se prend la tête dans les mains lors d'un changement de côté puis s'appuie des deux bras sur la boîte à serviettes. Jamais Rafa n'était apparu aussi atteint. Sa participation à Roland-Garros semble alors compromise, elle est finalement actée quelques jours avant le début du tournoi. Durant la quinzaine, l'Espagnol fait souvent référence à ce maudit pied gauche qui le fait tant souffrir, mais sa capacité à tenir, durant des matchs accrochés contre Felix Auger-Aliassime, Novak Djokovic et Alexander Zverev (avant que ce dernier n'abandonne), et à conclure, en finale contre le Norvégien Casper Ruud, le place encore un peu plus dans une caste à part. « C'est le titre qui mérite le plus de crédit de toute sa carrière », dira son entraîneur, Carlos Moya. Après son triomphe, le champion reconnaissait qu'il n'aurait « probablement pas » joué un autre tournoi du Grand Chelem avec une telle blessure, mais qu'à Paris, il ne se voyait pas abandonner sans se battre.

« J'arrive encore à être surpris par Rafael Nadal alors que je ne devrais pas, avoue Thierry Champion, quart-de-finaliste à Roland-Garros en 1990. Il y a quelque chose qui habite ce garçon qui est hors du commun, au-delà de ses qualités tennistiques et physiques. Je crois qu'il est prêt à tout pour gagner ; il accepte mieux que personne l'effort et la douleur. Tous les joueurs se réveillent avec des petites douleurs, çà et là. Mais lui a dépassé ce seuil depuis bien longtemps. »

Il faut savoir que le maître de la terre battue est atteint du syndrome de Muller-Weiss, une maladie neurodégénérative qui provoque une déformation de l'un des os situés dans la partie centrale du pied. L'Espagnol souffre de ce mal depuis 2004, et cela lui occasionne des douleurs récurrentes et parfois insupportables au pied gauche.

« Il n'y a pas de traitement pour guérir cette maladie ; il n'y a rien qui peut empêcher son évolution, explique le chirurgien orthopédiste Olivier Laffenetre, spécialisé exclusivement dans le pied et la cheville. Concrètement, les personnes qui souffrent de cette maladie ont un pied plat, douloureux, qui évolue avec le temps vers l'arthrose de manière inéluctable. Quand il y a trop de douleur ou une déformation du pied trop importante, on peut effectuer une chirurgie à visée réparatrice des symptômes et de la douleur. Mais cela se fait au prix d'un sacrifice articulaire. »

En effet, l'opération vise à permettre de remarcher sans boiter et sans souffrir, mais bloque des articulations autour de l'os malade et peut parfois entraîner des complications.

Après avoir soulevé le trophée, Rafael Nadal admettait avoir joué tout le tournoi avec l'aide d'injections d'anesthésique dans les nerfs sensitifs du pied ainsi que d'anti-inflammatoires. « Je joue sans douleur, mais aussi

sans aucune sensation, comme quand on t'engourdit chez le dentiste ou qu'on se fait opérer. C'est un grand risque car ça augmente les risques de me tordre la cheville ou d'avoir d'autres problèmes », expliquera l'Espagnol.

« Il n'y a que les athlètes pour faire ça. On a dû anesthésier des nerfs sensitifs — ceux qui conduisent la douleur — en étant sélectifs pour ne pas endormir les nerfs qui commandent la motricité du pied, détaille Olivier Laffenetre. C'est une pratique extrêmement difficile parce que si on endort les nerfs moteurs, il ne peut pas jouer. Ce sont des pratiques d'exception. »

Lorsqu'il quitte Paris, trophée en poche, la star espagnole se rend en Espagne pour subir un nouveau traitement par radiofréquence afin de soulager ses douleurs. Cette thérapie utilise les propriétés antalgiques de courants électriques de haute fréquence (400 à 500 kHz).

« C'est un traitement de douleurs chroniques, explique Olivier Laffenetre. C'est une façon de neutraliser les nerfs qui vont conduire la douleur. C'est un peu le même principe que l'anesthésie sauf qu'on essaie, par cette méthode, de « brûler » les nerfs, de les rendre moins conducteurs de l'influx nerveux et de la douleur, et avec un effet plus pérenne. Mais ça ne règle pas le problème mécanique de fond. Cette nouvelle intervention montre qu'il veut aller au bout de lui-même. »

Au mois de juin 2022, Rafa annonce qu'il est prêt à jouer le tournoi de Wimbledon, après avoir indiqué que le traitement a été une réussite. Repousser ses limites, encore et toujours.

UN ACCOMPAGNEMENT OPTIMAL

Fort heureusement, Rafael Nadal est loin d'être seul pour se soigner et revenir sur les courts avec un appétit retrouvé. « S'il était tout seul, ce serait très vite vu, affirme Geoffroy Berthelot, data scientist et chercheur au sein de l'UDNI (Université du Développement Numérique et de l'Innovation) à l'INSEP. Un joueur ne peut pas avoir toutes les connaissances d'un staff, c'est impossible. »

Christophe Ceccaldi, cinquante-huit ans, a assisté à trente-sept finales de Roland-Garros. Sacré palmarès. Surtout, il affirme que l'époque actuelle n'a pas grand-chose à voir avec celle de ses jeunes années. « Les personnes qui entourent les plus grands champions sont plus nombreuses qu'avant. Il y a quinze ou vingt ans, il y avait un entraîneur et un joueur, mais aujourd'hui, les tennismen ont tous au moins une personne qui gère leur santé, que ce soit un kinésithérapeute, un médecin, un préparateur physique. Et les meilleurs peuvent en avoir plusieurs, parfois même un préparateur mental. Les joueurs ont créé autour d'eux des sortes de petites sociétés, ils emploient des personnes qui viennent de différents pays, souvent très compétentes, dont le rôle est de tirer le maximum pour aller chercher la performance. Rafael Nadal s'inscrit dans cette démarche : il a toujours bénéficié d'une structure autour de lui, qui travaille très bien et en laquelle il a entière confiance. »

Avec toutes les sommes d'argent qu'il a engrangées, l'Espagnol est à même de pouvoir s'entourer d'une équipe complète et qualitative chargée de prévenir, de guérir et de préparer au mieux son retour sur les courts après une blessure. Ainsi, Rafa peut compter sur l'appui d'un kinésithérapeute, Rafael Maymo, un ami de longue date, du même préparateur physique depuis plus de vingt ans, le discret Joan Forcades, ainsi que d'un médecin personnel qui le suit quotidiennement, Angel Ruiz-Cotorro, à qui il rend hommage pour ses soins prodigués lors de sa victoire parisienne en 2022.

Plus les années passent, et plus cette équipe tient un rôle important, étant donné que le risque de blessures s'accroît avec l'âge. Aussi, l'expérience accumulée par Rafael Nadal lui permet de connaître davantage son corps et de mieux l'écouter. Aujourd'hui, le champion espagnol semble gérer ses volumes d'entraînement et de récupération plus intelligemment.

Depuis plusieurs saisons, le Majorquin dispute bien moins de tournois que lors de ses jeunes années. En 2013, l'année de ses vingt-sept ans, il a joué dix-sept tournois. En 2019, il n'en a disputé que treize, puis sept en 2021, une saison certes écourtée par sa fameuse blessure au pied gauche. En allégeant son calendrier, il réduit l'exposition au risque, et s'évite des allers-retours trop réguliers à l'infirmerie.

« Rafael Nadal a toujours bénéficié d'une structure autour de lui, qui travaille très bien et en laquelle il a entière confiance. »

RAFA
Rafa
Rafa

« Les meilleurs joueurs au monde comme Rafael Nadal n'ont pas besoin de jouer cinq mois par an, comme beaucoup de joueurs moins forts, rappelle l'ancien joueur belge Steve Darcis. Ils ont cette possibilité de cibler leurs tournois et de prendre des périodes de repos et de vacances beaucoup plus fréquemment qu'un joueur qui est quatre-vingtième mondial. En l'occurrence, Rafael Nadal joue les tournois du Grand Chelem, les Masters 1000, on peut presque dire qu'il joue très peu de tournois, bien qu'il dispute beaucoup de matchs étant donné qu'il va souvent au bout. Tu ne peux te le permettre que quand tu es très bien classé, ne serait-ce que financièrement. »

VIVE LE PROGRÈS !

Rafa aurait-il pu connaître une telle longévité vingt ans en arrière ? Rien n'est moins sûr.

« Il y a tellement de paramètres qui ont évolué, explique Christophe Ceccaldi. La préparation physique a pris une part prépondérante dans l'activité spécifique. Depuis quelques années, on voit les joueurs s'échauffer, avant ils faisaient trois allers-retours dans le couloir avant de commencer leur match. Aujourd'hui, le tennis est un sport asymétrique total. Avant, on avait un Guillermo Vilas avec un bras de 80 centimètres d'un côté et de 10 centimètres de l'autre, maintenant on observe des joueurs parfaitement équilibrés. Le matériel est un peu plus puissant, absorbe mieux les chocs. Les joueurs voyagent presque autant qu'avant, mais certainement dans de meilleures conditions. En résumé, il y a plein de choses qu'ils mettent en place qui font que leur carrière dure un peu plus longtemps. »

La médecine a beaucoup évolué sur les trente dernières années. Et le monde du sport a naturellement tiré profit des progrès effectués.

« On arrive à accompagner l'entropie, le fait de devenir plus fragile avec les années. Avec la connaissance des individus, les médecins parviennent à anticiper davantage les blessures, ajoute Geoffroy Berthelot. Et derrière une blessure, il y a une histoire. Si on prend l'exemple d'une faiblesse au

niveau de l'épaule gauche, on sait qu'il va falloir travailler certains muscles, anticiper un match plus long, d'éventuelles contraintes, ce qui veut dire que l'on arrive à bien accompagner et à éviter la récidive des blessures. »

Les techniques de récupération dont bénéficient aujourd'hui les tennismen professionnels constituent également un point crucial. Certaines sont utilisées depuis longtemps, d'autres plus récentes améliorent nettement la récupération de nos champions.

À titre d'exemple, le Centre National d'Entraînement de la Fédération française de tennis s'est doté il y a quelques années d'une chambre de cryothérapie corps entier et de tout un espace de balnéothérapie dans lequel on trouve un bain chaud et un bain froid, ainsi qu'une piscine tempérée, de manière à ce que la récupération soit facilitée pour l'ensemble des joueurs. Pendant le tournoi de Roland-Garros, cette infrastructure est accessible pour les joueurs et les joueuses inscrits dans le tableau. Ça n'a l'air de rien, mais cette donnée est importante. « On sait que le joueur de tennis a besoin d'avoir toutes ces installations à proximité pour pouvoir utiliser les techniques de manière régulière et assidue. On sait très bien que si une technique de récupération est à vingt minutes du lieu d'entraînement d'un joueur, il sera moins à même de l'utiliser », explique Mathilde Poignard.

Un atout indispensable, qui explique sans doute en partie la longévité du phénomène ibérique. Rafael Nadal est en effet un habitué de la cryothérapie corps entier. Cette technique consiste à rentrer dans une cabine diffusant un air sec qui peut atteindre jusqu'à - 150 °C. La séance dure trois minutes maximum.

« En ayant recours à ces techniques, les sportifs diminuent la température de leur corps, et par conséquent, ils limitent tous les symptômes qui vont être associés à l'inflammation, qui est consécutive aux dommages musculaires créés par l'exercice, explique Mathilde Poignard. Quand vous faites un match de tennis, vous sollicitez vos muscles de manière importante, cela va créer des petites blessures au niveau musculaire.
Le but du froid est de limiter l'installation de l'inflammation qui a pour objectif, à la base, de réparer les muscles, mais qui est aussi responsable

des douleurs musculaires que l'on appelle courbatures. D'un point de vue scientifique, la diminution des douleurs musculaires a été prouvée. D'un point de vue perceptif, les tennismen ressentent moins de gênes après avoir utilisé la cryothérapie corps entier ou le bain froid. C'est d'autant plus intéressant en compétition, quand le joueur de tennis a des périodes de récupération souvent inférieures à quarante-huit heures. »

La cryothérapie compte de plus en plus d'adeptes. Outre Rafael Nadal, Stan Wawrinka et Alexander Zverev y ont également recours. Cette technique, utilisée dans bien d'autres disciplines sportives, améliorerait même le sommeil chez les sportifs, selon une étude publiée dans le Journal britannique de la médecine du sport. Elle indique que « même si la durée de sommeil est courte, les sujets ont affirmé qu'ils avaient eu un sommeil plus tranquille après la cryothérapie ».

« Je pense qu'il n'y a pas que la qualité de sa récupération qui explique sa longévité, complète Mathilde Poignard. Le fait qu'il ait une routine très rigoureuse dans ses techniques d'après match constitue un élément au moins aussi important. Concrètement, s'il est super attentif sur sa récupération, il l'est également sur le plan de la nutrition et sur tous les paramètres qui peuvent lui permettre de ne pas se blesser et d'améliorer ses performances. De ce que j'ai pu observer, ce sont les meilleurs joueurs qui sont les plus assidus à ces techniques. »

DES VÉTÉRANS AU TOP

Le constat est aujourd'hui implacable. À trente-six ans, Rafael Nadal reste compétitif au plus haut niveau. Il en va de même pour son rival Novak Djokovic, trente-cinq printemps. Mais le phénomène ne se limite pas qu'au tennis. Lewis Hamilton, à trente-sept ans, a été vice-champion du monde de Formule 1 en 2021. En football, Cristiano Ronaldo, trente-sept ans, et Karim Benzema, trente-quatre, sont toujours deux des meilleurs joueurs du monde. En basket, Lebron James, pourtant en activité depuis ses dix-huit ans, a été l'un des meilleurs joueurs de la dernière saison de NBA.

À presque trente-huit ans. Ces sportifs peuvent-il dépasser la quarantaine et rester parmi les meilleurs de leur discipline ?

« Je ne crois pas, répond Geoffroy Berthelot. Personne n'échappe à l'accumulation de la faiblesse avec l'âge. Les sportifs de haut niveau ne peuvent échapper aux modifications au niveau biologique. Ainsi, avec l'âge, il est de plus en plus difficile de maintenir la capacité musculaire. Si vous voulez la maintenir, il faut augmenter la charge de travail, les sessions d'entraînement : cela veut dire plus de travail, sans arrêt. Et au bout d'un moment, vous arrivez à une limite. Vous aurez beau vous entraîner vingt-quatre heures par jour, être accompagné par le meilleur médecin, le meilleur kinésithérapeute, vous n'arriverez plus à compenser. Il y a un seuil à partir duquel le basculement se produit, et même si vous arrivez un peu à maintenir votre capacité musculaire, vous perdrez plus de fibres que vous n'en créerez. Passé quarante ans, on peut bien jouer, mais ça devient très difficile de faire partie des meilleurs joueurs au monde. Le cas de la cycliste Jeannie Longo [qui a réalisé des performances de haut niveau passé quarante ans] est le seul contre-exemple que je voie. Mais le tennis est certainement plus exigeant que le cyclisme féminin. Il est probable que les jeunes joueurs qui arrivent vont tôt ou tard poser des difficultés aux vétérans du circuit. »

Quand on voit le bilan du Majorquin en 2022 — trente-cinq victoires, seulement trois défaites au sept août — on se dit que la star possède encore une sacrée marge. Mais il paraît que toutes les belles histoires ont une fin. Et il arrivera un jour où le guerrier rangera définitivement ses raquettes.

En juin 2022, le champion espagnol nous préparait à un éventuel départ, après que sa douleur chronique au pied gauche est devenue insupportable, seulement calmée par des injections et la prise d'anti-inflammatoires. « Je ne peux pas et je ne veux continuer à jouer ainsi, expliquait-il après son nouveau triomphe à Roland-Garros. C'est le moment de prendre du recul. Si je suis encore capable d'être heureux au tennis avec ce que j'ai, je vais continuer. Si je n'en suis pas capable, je vais faire autre chose. »

Ce serait bien la première fois que la douleur met Rafa K.-O. définitivement. Mais on serait extrêmement surpris que ce jour n'arrive jamais, malheureusement.

SPIN

CHAPITRE 7

UN MARIAGE PARFAIT

D'une certaine manière, un joueur de tennis de haut niveau s'apparente à un pilote de Formule 1. Un tennisman a beau avoir tout le talent du monde, s'il n'est pas bien entouré et s'il n'a pas à sa disposition un matériel performant, il lui sera très difficile de soulever des trophées et de côtoyer le gratin de sa discipline.

Comment mettre un joueur professionnel dans les meilleures dispositions ? La première chose à faire est de le doter d'une raquette de tennis digne de son niveau de jeu. D'emblée, oubliez l'époque au cours de laquelle les Bjorn Borg et autres Guillermo Vilas se renvoyaient la balle avec de modestes objets en bois. Depuis presque un demi-siècle, la technologie et l'innovation ont offert à cet outil indispensable un lifting impressionnant. Devenues obsolètes au début des années 1980, les raquettes en bois ont été remplacées dans un premier temps par des raquettes en métal (acier, aluminium...), mais celles-ci n'ont pas rencontré le succès escompté. De nos jours, le graphite (élément constitué de carbone) est le matériau le plus utilisé dans leur conception, ce qui permet aux champions de jouer avec des objets plus rigides, plus maniables, plus légers et plus puissants, et avec une meilleure stabilité de la balle à l'impact. Équipementiers et joueurs professionnels accordent un soin particulier à la fabrication et à la personnalisation de leurs raquettes, jusque dans les moindres détails. « C'est un outil tellement important dans la performance... Et aujourd'hui, le but est de faire du couple joueur d'un côté, raquette-cordage de l'autre, une seule entité », nous explique Jean-Bernard Fabre, fondateur de *HumanFab*, un centre de recherche et d'expertise scientifique pluridisciplinaire du sport.

Rafael Nadal a largement profité de cette révolution, puis de cette optimisation, et quand on évoque le rapport du joueur espagnol avec ce qu'il appelle *l'extension de son bras*, l'histoire prend un accent français. La carrière du champion espagnol reste indissociable de la marque Babolat, qui accompagne la star depuis ses débuts professionnels, en 2001. Bien malin celui qui pouvait prédire une telle union. En effet, l'entreprise française, fondée en 1875 à Lyon, a pris son temps pour devenir aujourd'hui une institution dans le monde du tennis, avec deux raquettes iconiques, la *Pure Drive* et la *Pure Aero*, et une troisième qui montre les dents (ou les cordes), la *Pure Strike*, compagne de route de l'Autrichien Dominic

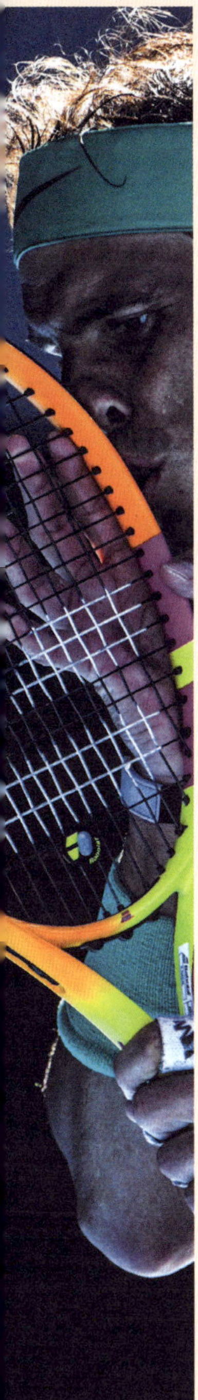

Thiem ou du Britannique Cameron Norrie. Babolat a bâti son savoir-faire et sa réputation grâce au boyau naturel, matériau utilisé pour les premières cordes de raquettes. Au fil des décennies, l'entreprise familiale a diversifié son offre : machines à corder, grips, vernis, accessoires… C'est seulement en 1994 que la marque française saute le pas. Après plus d'un siècle dédié à l'univers du cordage et aux accessoires de raquettes, la société, résolument tournée vers l'innovation, lance sa première gamme de cadres de tennis. Ainsi apparaît la *Pure Drive*, qui deviendra des années plus tard la raquette la plus vendue au monde. Lancée dans un premier temps en France, elle est commercialisée en Espagne en 1995, puis en Italie en 1996. Cette année-là, sur l'île de Majorque, la visite de Toni Nadal dans une boutique de tennis prend une tournure étonnante…

NAISSANCE D'UNE LOVE STORY

« Toni Nadal, très friand de nouveautés, se rend dans un magasin pour s'acheter une raquette. Il jette son dévolu sur une *Babolat Pure Drive*, qui, grâce au travail du commercial, est en rayon, raconte Jean-Christophe Verborg, chez Babolat depuis vingt-six ans et aujourd'hui directeur du marketing sportif. Il s'agit d'une gamme commercialisée deux ans plus tôt et qui ne ressemble pas franchement aux cadres traditionnels du siècle dernier. À l'époque, les joueurs utilisent des modèles aux sections carrées relativement fines. Cette raquette au design profilé, Toni Nadal va la mettre dans les mains de Rafael Nadal, âgé de dix ans. Cette *Pure Drive* sera celle qu'il utilisera lors de ses débuts, et il la gardera pendant plusieurs années. »

La marque française gagne rapidement en crédibilité, et l'entraîneur actuel de Rafael Nadal, Carlos Moya, n'y est pas étranger. Il est le premier joueur à gagner avec une raquette Babolat, une *Pure Drive* noire et bleue, des couleurs qui contrastent avec les standards du circuit. Après avoir atteint la finale de l'Open d'Australie en 1997, le natif de Palma de Majorque remporte l'année suivante les prestigieux tournois de Monte-Carlo et Roland-Garros. En mars 1999, il atteint l'apogée de sa carrière en devenant le quinzième joueur numéro un mondial, depuis l'instauration

NIKE
AIR
Babolat
evian

du classement ATP en 1973. Les amoureux du tennis, mais aussi les acteurs du circuit professionnel ne regardent plus les raquettes confectionnées par Babolat de la même manière, et quelques mois plus tard, la marque s'apprête à vivre un tournant capital.

« Lorsque j'intègre le département compétition de Babolat, en 2001, mon patron me demande : *Le promoteur de la filiale espagnole nous dit qu'il y a un jeune joueur très prometteur. Est-ce que tu peux aller le voir ?* Rafael Nadal commençait à avoir un parcours assez performant en gagnant pas mal de championnats dans son pays. Il avait quatorze ans, et à l'époque, c'était un âge relativement précoce pour signer des contrats internationaux, même si au début des années 2000, Babolat s'efforçait de préparer l'avenir en s'intéressant de plus en plus aux jeunes. En outre, il y avait déjà un très bon relationnel entre la marque et Rafa. Une fois sur place, j'ai passé une journée incroyable : il était à l'entraînement et il y avait un son dans ses frappes… Le bruit d'un coup est un critère important dans la détection, d'autant plus qu'il n'y avait pas ces années-là toutes les statistiques et tous les sites qui nous permettent de voir l'évolution des joueurs. On voyait aussi qu'il avait une envie de dingue. Juste après, nous avions rendez-vous avec Toni et Rafael Nadal : je ne maîtrisais pas du tout l'espagnol, et Rafa ne parlait pas anglais ! Il est resté assis, a dû se demander ce qu'il faisait là, mais comme Toni lui avait expliqué l'objet de notre venue, il a montré du respect. Et il y avait dans ses yeux la lumière d'un champion. »

LA PURE AERO, UNE RAQUETTE PAS COMME LES AUTRES

Les affaires ne traînent pas, et en avril 2001, Rafael Nadal paraphe son premier contrat international avec l'équipementier français. Cette association s'avère fructueuse : quatre ans plus tard, l'Espagnol remporte pour la première fois les Internationaux de France. Mais il a délaissé la *Pure Drive* pour la toute nouvelle *Babolat Aeropro Drive*, qui deviendra en 2005 la *Pure Aero* (je le reconnais, il faut suivre) : une raquette innovante dont le succès sera planétaire.

« Rafael Nadal avait une gestuelle quelque peu atypique, avec son fameux coup droit lasso, précise Jean-Christophe Verborg. J'ai essayé de savoir auprès de Toni Nadal pourquoi il avait ces mouvements-là. Il m'a dit que lorsque Rafa a quitté le monde des juniors pour passer chez les seniors, la balle était plus longue et arrivait plus vite. Ça l'a forcé à s'adapter, si bien qu'il s'est mis à jouer un peu différemment et à gagner du temps avec sa gestuelle. Ce côté très aérodynamique a donc inspiré Babolat, qui s'est lancé en 2003 dans le développement de la *Pure Aero*, une raquette dont la tête est exactement la même que celle de la *Pure Drive*, mais avec un tamis plus petit, et davantage adaptée à cette typologie de jeu bien particulière. »

Sylvain Triquigneaux a rejoint le groupe Babolat en 2006. Il travaille au sein du département R & D, autrement appelé Laboratoire de la performance. Concrètement, il est en charge de toute la relation technique avec les joueurs professionnels sous contrat avec la marque. « Il y a la dimension aérodynamique de la *Pure Aero*, qui colle à la gestuelle de Rafael Nadal ; c'est un joueur qui imprime beaucoup d'effets, que ce soit en coup droit ou en revers. De plus, la combinaison de la raquette et du plan de cordage qu'utilise Rafa fonctionne parfaitement avec son intention de jeu, qui est d'user ses adversaires en générant une quantité de lift relativement importante. »

Jean-Bernard Fabre n'est pas étonné par la réussite de ce mariage. « C'est une raquette qui permet de faciliter le swing. Si tu as la vitesse de bras nécessaire, elle est conçue pour que tu aies une meilleure pénétration dans l'air, et si tu as une meilleure pénétration dans l'air, tu vas pouvoir mettre plus de rotation et de vitesse dans la balle. Il ne s'agit pas que du lift. Rafael Nadal arrive non seulement à lifter beaucoup, mais il met aussi une grosse vitesse, par conséquent la balle est très dure à jouer. Il est certain qu'il a trouvé la raquette à son jeu. »

On ne va pas se mentir. Cette *Pure Aero*, c'est une raquette taillée sur mesure pour le Taureau de Manacor, celle que Babolat a imaginée et conçue après une étude approfondie de son jeu, de sa gestuelle et de sa façon de se mouvoir sur un court de tennis.

« Il y a la dimension aérodynamique de la Pure Aero, *qui colle à la gestuelle de Rafael Nadal ; c'est un joueur qui imprime beaucoup d'effets, que ce soit en coup droit ou en revers. »*

> *Rafael Nadal a besoin d'un objet extrêmement maniable étant donné qu'il sollicite beaucoup son poignet »*

« C'est la raison pour laquelle la relation entre le joueur et son sponsor est si importante, estime Jean-Bernard Fabre. Parfois, il vaut mieux accepter de prendre un chèque un peu moins conséquent, mais avoir une équipe autour de soi qui va vous aider à avoir le matériel adapté, plutôt que de gagner plus d'argent mais ne pas aller au bout de son potentiel à cause du matériel. » Pour autant, la *Pure Aero* n'est pas exclusivement réservée au spécialiste de la terre battue.

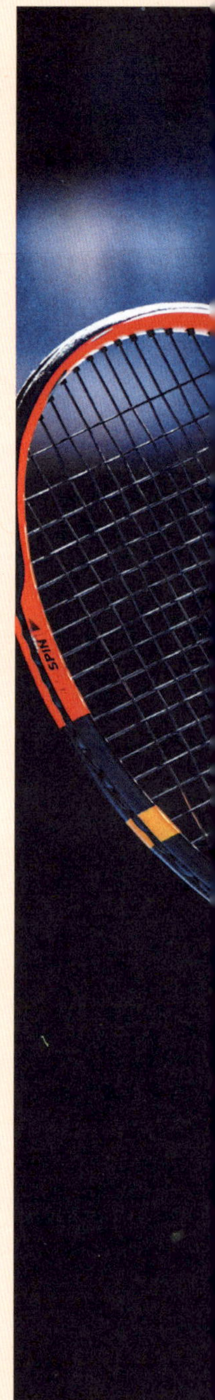

Les Français Benoit Paire, Jo-Wilfried Tsonga ou Adrian Mannarino frappent la balle avec le même modèle. C'est aussi le cas du Canadien Felix Auger-Aliassime, même si sa raquette n'est pas tout à fait identique à celle de Rafa. Le vainqueur du tournoi de Rotterdam en 2022 a choisi la *Pure Aero Vs*, une raquette qui conserve l'avantage de la prise d'effet tout en offrant plus de précision. « C'est une sorte d'hybride entre sa raquette et un modèle qui aurait un cadre un peu plus fin, davantage en contrôle, explique le joueur, entré pour la première fois dans le top dix mondial en 2021. J'ai essayé celle de Rafa par le passé. Elle est un peu trop puissante pour moi, par rapport à ce que j'aime, à mon feeling. Mais elle lui a très bien convenu toute sa carrière : c'est un joueur qui lifte beaucoup, or c'est une raquette qui va très vite dans l'air, qui est très aérodynamique pour lui. »

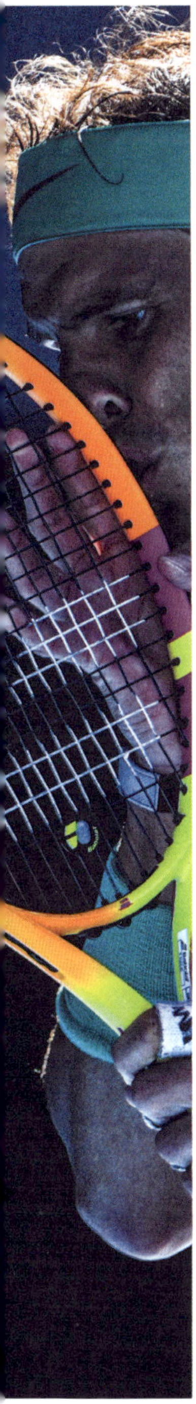

LA CUSTOMISATION DE LA RAQUETTE

Cela va peut-être vous étonner, mais saviez-vous que vous pouvez vous procurer la raquette de Rafael Nadal au magasin de sport près de chez vous ? Le modèle en tant que tel, soit sa structure et son plan de cordage ; nous pouvons tous jouer avec. « Ce qui fait la spécificité de la raquette de Rafa et de celles des autres joueurs de haut niveau, c'est le fait qu'elles vont être personnalisées, explique Sylvain Triquigneaux. Il y a deux objectifs dans cette personnalisation : le premier est d'arriver à produire plusieurs modèles rigoureusement identiques en gommant les tolérances industrielles ; le deuxième est de faire en sorte que la raquette soit aux spécifications du joueur, c'est-à-dire qu'elle soit adaptée à ses intentions tactiques, sa gestuelle, sa morphologie et ses habitudes. »

Lorsqu'une raquette sort d'un stock, on ne peut plus changer sa structure, à savoir sa rigidité et son plan de cordage. Mais on peut modifier certains paramètres, pour faire en sorte que le joueur puisse s'exprimer le mieux possible sur un court de tennis.

Sylvain Triquigneaux nous éclaire sur le travail minutieux de ses équipes : « La première chose sur laquelle on peut agir, c'est la forme du manche. Chez Rafael Nadal, c'est un travail très léger qui intervient sur la partie basse, où l'on vient légèrement épaissir la taille du manche. Ensuite, on va travailler sur la masse de la raquette — la balance — et les moments d'inertie, soit la répartition des masses sur l'objet. Concernant Rafa, c'est assez simple : les masses sont placées dans le manche et en tête de raquette. C'est là qu'intervient le travail du préparateur : celui-ci récupère plusieurs raquettes aux caractéristiques différentes, mais il doit faire en sorte qu'elles soient toutes identiques après préparation. Ce qui signifie que sur chacune des raquettes, on va faire un travail légèrement différent. Chez d'autres joueurs, on va rajouter de la matière au niveau de la tête de raquette, mais sur les côtés. On ne fait pas ça pour Rafael Nadal parce que ces réglages modifient la maniabilité de sa raquette, or lui a besoin d'un objet extrêmement maniable étant donné qu'il sollicite beaucoup son poignet quand il joue côté coup droit. Les caractéristiques d'un

DECIMA

modèle ne seront pas les mêmes selon que vous rajoutez trois grammes en tête de raquette ou dans le manche. On est sur du sur-mesure où il n'y a pas de règles à proprement parler : la configuration qui va marcher pour l'Espagnol ne sera pas celle qui conviendra à un autre tennisman et inversement parce que chaque joueur est unique. »

Jean-Christophe Verborg abonde dans ce sens. « Est-ce que Dominic Thiem pourrait jouer avec la raquette de Rafa ? Il a essayé mais ce n'était pas très concluant. Est-ce que Rafa pourrait jouer avec celle de l'Autrichien ? Je ne pense pas. Il faut bien regarder la gestuelle de ces deux joueurs : elle est complètement différente. Tout est très ample chez Dominic Thiem, il a des préparations qui partent de très loin et il a donc besoin d'une inertie différente. Chez Rafael Nadal, il y a un côté plus compact et il a cette capacité d'accélérer le jeu sur des préparations plus courtes. »

Une fois cette personnalisation effectuée, la raquette de Rafael Nadal n'a rien d'exceptionnel. Depuis ses débuts, l'Espagnol a tendance à se diriger vers des modèles un peu plus légers, donc plus maniables. Aujourd'hui, la raquette qui l'accompagne sur les courts du monde entier pèse très précisément 317 grammes, sans tenir compte du cordage et du surgrip de 5 grammes que le joueur ajoute lui-même. Ce poids correspond à la moyenne de ce qui se fait aujourd'hui chez les joueurs professionnels masculins. C'est seulement 17 grammes de plus que le même produit vendu en magasin. À titre de comparaison, la star américaine Pete Sampras jouait dans les années 1990 avec des raquettes de 400 grammes, et non cordées s'il vous plaît !

La balance de sa raquette, autrement appelée l'équilibre, qui correspond à la distance entre le début du manche et le point d'équilibre, est de 33,1 millimètres. Enfin, l'inertie, qui permet de mesurer la puissance et la maniabilité de la raquette, est de 335 km/cm^2. « Si vous êtes capable de jouer pendant une heure et demie avec une raquette pesant entre 315 et 320 grammes, vous pouvez utiliser celle de Rafael Nadal, affirme Sylvain Triquigneaux. On est loin des spécificités de la raquette de Carlos Moya, un outil de travail très particulier, avec une balance très en tête, donc quelque chose de difficile à jouer pour le commun des mortels. »

UN TRAVAIL COLLECTIF

Naturellement, la customisation de la raquette de Rafa ne se fait pas d'un coup de baguette magique. Babolat et le champion espagnol travaillent main dans la main. Si cette relation n'est pas aussi médiatisée que celle entre un pilote de Formule 1 et son écurie, elle est tout aussi importante. Ainsi, les échanges sont permanents entre les représentants de la marque française et l'équipe du tennisman espagnol.

« Chaque année, nous allons en Espagne au moins une fois pour nous assurer que tout va bien : on parle avec Rafa évidemment, qui est toujours très ouvert, mais on dialogue également avec Toni Nadal ou Carlos Moya maintenant, Rafael Maymo [son kinésithérapeute], Benito Perez-Barbadillo [son directeur de la communication], le sparring-partner aussi ; c'est ce dernier qui va nous dire si la balle arrive plus vite, si elle est plus ou moins longue, détaille Jean-Christophe Verborg. C'est un travail collectif sur le court. Quand Rafael Nadal gagne, ce qui a globalement été le cas pendant de nombreuses années, il ne demande pas beaucoup de modifications. Mais nous sommes constamment en veille, à nous demander : *qu'avons-nous en innovation, en recherche et en développement, qui pourrait améliorer quelque chose ?* On ne s'empêche jamais de proposer quelque chose. »

Vous vous en doutez : la carrière d'un champion, aussi immense soit-il, est un parcours semé d'embûches. Celle de Rafael Nadal ne fait pas exception à la règle. L'Ibérique a traversé plusieurs périodes de doute. Et dans ces moments-là, il arrive que le champion et son équipe expriment une volonté de changement.

Sylvain Triquigneaux revient sur une période très récente, lorsque la carrière de la star espagnole connaît un énième coup d'arrêt. En septembre 2021, quelques semaines après avoir annoncé qu'il mettait un terme à sa saison, le Majorquin subit une opération au pied gauche. Les fans de la première heure en viennent aux prières, les observateurs, eux, ne cachent pas leur pessimisme quant à la suite de son aventure tennistique.

« Rafael Nadal nous a contactés afin de préparer son retour sur les courts. Il voulait faire évoluer les réglages de son matériel, pour être encore plus performant. C'est dire son état d'esprit, à trente-cinq ans… Il estimait qu'il se faisait bousculer sur le terrain, de plus en plus agresser par ses adversaires, par conséquent il voulait retrouver de la longueur de balle et de la puissance plus facilement. Nous avons donc effectué différents réglages, sans trop changer la maniabilité et la lourdeur de la raquette, pour lui amener ce surcroît de puissance sans qu'il soit obligé de dépenser davantage d'énergie. À la fin du mois d'octobre, on a validé avec lui le changement de plusieurs paramètres sur sa raquette : si celle-ci est toujours à 317 grammes, on est venu répartir les masses un peu différemment, pour amener une jouabilité différente. Et on a légèrement modifié la balance et le moment d'inertie. »

Le résultat ? Vingt-et-un matchs disputés entre janvier et mars 2022 pour vingt victoires et trois tournois remportés, à Melbourne, à l'Open d'Australie et sous la chaleur étouffante d'Acapulco, au Mexique. Et une finale à Indian Wells. Rafa réalise là son meilleur début de saison en carrière. Et démontre une nouvelle fois la pertinence de ces ajustements, fruits de discussions entre Babolat et son entourage.

UN CORDAGE DE CHOC

Rembobinons le film de la carrière du Majorquin. Le 31 mai 2009 est une date marquante. Quadruple vainqueur des Internationaux de France, il s'incline pour la première fois sur la terre battue parisienne face au Suédois Robin Soderling. Une défaite 6-2, 6-7, 6-4, 7-6. Le Taureau de Manacor est blessé. Et la réaction du clan Nadal ne se fait pas attendre.

« En juillet 2009, Toni Nadal vient me voir et dit qu'il souhaite que Rafa gagne un peu en longueur de balle, se souvient Jean-Christophe Verborg. Pour nous, c'est une information primordiale parce qu'on sait qu'il faut faire quelque chose. Lorsque son équipe nous sollicite, on se doit d'être proactif et efficient. Mais cela reste très compliqué de changer un paramètre de la raquette. On a donc proposé au clan Nadal de changer de cordage,

« Babolat et le champion espagnol travaillent main dans la main. Si cette relation n'est pas aussi médiatisée que celle entre un pilote de Formule 1 et son écurie, elle est tout aussi importante. »

de passer du *Pro Hurricane Tour* au *RPM Blast*. L'année suivante, Rafa vient à Lyon et fait un test avec ce nouveau cordage, qui est un prototype à l'époque. Il a adoré ! Il a même fallu accélérer le lancement du produit dès lors qu'il a joué avec. »

Il existe deux grandes familles de cordage de tennis : le boyau, un cordage naturel, et le cordage synthétique. On ne va pas vous surprendre : c'est un élément hautement important, tout autant que le cadre, et auquel un joueur et son entourage portent une attention toute particulière. Après avoir utilisé le *Pro Hurricane Tour*, Rafael Nadal a donc adopté en 2010 le *RPM Blast*, un cordage monofilament, dont la surface octogonale en copolyester haute densité favorise la puissance et la prise d'effet.

Ce changement de cordage n'était pas gagné d'avance. Il fallait convaincre Rafa de la nécessité d'innover, quand lui jouait depuis de longues années avec le même produit. Mais il s'est avéré concluant : en 2010, l'Espagnol réalise l'une de ses plus belles saisons. Il s'offre le doublé Roland-Garros-Wimbledon et remporte pour la première fois l'Us Open, devenant ainsi le plus jeune joueur de l'ère Open à s'imposer dans les quatre tournois du Grand Chelem. Et le *RPM Blast* est aujourd'hui l'un des cordages les plus plébiscités par les joueurs professionnels.

Le Français Jo-Wilfried Tsonga, fraîchement retraité, utilisait le même modèle. Du coup, lorsqu'on a eu le plaisir de le croiser au tournoi de Marseille, en 2022, on lui a demandé son sentiment sur ce produit. « Il s'agit d'un cordage qui donne beaucoup de rotation à la balle. Pour que celui-ci donne sa pleine mesure, il faut être costaud et frapper relativement fort ! C'est donc un matériau fait pour lui. En plus, il a longtemps joué avec une jauge de 135 [1,35 mm, soit le diamètre du cordage], si moi je joue avec ça, je sers à seulement 122 kilomètres/heure ! À titre personnel, j'étais sur une jauge de 125... Lui, il doit mettre une sacrée énergie dans la balle. »

Sur le circuit, ils n'ont pas été nombreux à évoluer avec une jauge de 135. La norme, elle, se situe à 125.

« Vu l'intensité à laquelle il joue, cela lui amenait du contrôle et de la durabilité » précise Sylvain Triquigneaux.

Depuis 2021, Rafael Nadal est passé d'une jauge de 135 à une jauge de 130. « Le fait de baisser la jauge apporte un peu plus de puissance. Plus vous descendez, plus vous avez une raquette puissante et l'impact est plus agréable, plus souple. Mais votre cordage aura une durée de vie plus limitée. » Enfin, la tension de son cordage est de 25 kilos. À de rares exceptions, comme les matchs en altitude, elle peut être de 25,5 kilos. « La tension de sa raquette n'a jamais évolué, ajoute Jean-Christophe Verborg. Malgré des tentatives de baisse d'un demi-kilo pour avoir un peu plus de puissance, on est revenu au poids initial. »

« IL METTAIT TOUTES LES BALLES DANS LES BÂCHES ! »

Le Majorquin n'est pas très expansif au sujet de sa raquette fétiche. Il dit ne pas connaître grand-chose de ses spécificités, avoir une confiance aveugle envers son équipe. « On est là pour qu'il n'ait pas à se préoccuper du poids et de l'équilibre de sa raquette, explique Jean-Christophe Verborg. Lui, il veut surtout l'outil pour bien jouer, même s'il reste très attentif. »

Attentif. Et même un peu plus que cela. Si quelque chose change, la star le remarque aussitôt.

Le directeur du marketing sportif de Babolat nous raconte une histoire qui en dit long sur la sensibilité des plus grands champions. « Il y a quelques années, nous avions une réflexion sur des formes de grips un peu plus ergonomiques, qui viennent s'adapter à la forme de la main. Nous sommes alors partis à Majorque avec dix échantillons de raquette différents. La personne qui préparait le lot me prévient : *Tu verras, il y a un modèle qui doit faire deux ou trois millimètres de plus.* Cela arrive parfois sur des prototypes. Le lendemain, le test débute avec Rafael Nadal, qui essaye plusieurs raquettes, sans rien dire. Au bout d'un moment, il frappe deux balles et s'arrête net. Il nous appelle et nous demande sa raquette. Il avait perçu les deux ou trois millimètres de plus sur le prototype ! Lui dit très souvent qu'il est un très mauvais testeur, mais c'est faux. Tous ces champions ont des critères, des références qui sont imparables. Cela nous oblige

« Au cours d'un match, tous les sept ou huit jeux, il change de raquette, pour partir sur un cordage neuf et ainsi conserver un niveau de performance optimal. »

à très bien connaître nos joueurs, et cette exigence ne peut que nous faire progresser. »

Le mariage entre Rafael Nadal et Babolat est une réussite incontestable, mais comme dans toute union, il y a des moments un peu plus difficiles. Cela se comprend : lorsque l'innovation est au cœur de votre stratégie, il est difficile de ne pas connaître des échecs.

« Une année, son équipe avait demandé que l'on propose une raquette un peu plus lourde. On sentait pendant le test que le modèle répondait à certaines demandes, mais très vite, Rafael Nadal a dit que le changement de poids ne lui convenait pas, raconte Jean-Christophe Verborg. Une autre fois, on a essayé de le faire jouer avec un diamètre de cordage un peu plus bas ; on avait même rajouté du boyau, qui est un cordage fabuleux en termes de tenue de tension et un peu plus puissant. C'était assez comique : il mettait toutes les balles dans les bâches ! »

Ces dernières précisions ne font pas de Rafael Nadal une personne allergique au changement. Le joueur espagnol prend le temps d'étudier et de tester tous les produits que lui soumet la marque française, aussi expérimentaux soient-ils. Il est même l'un des premiers à avoir utilisé une raquette connectée en compétition, un outil doté d'un capteur dans le manche. Babolat a lancé son modèle en 2012, et celui-ci offrait tout un tas d'informations : le temps de jeu, le nombre de coups droits et

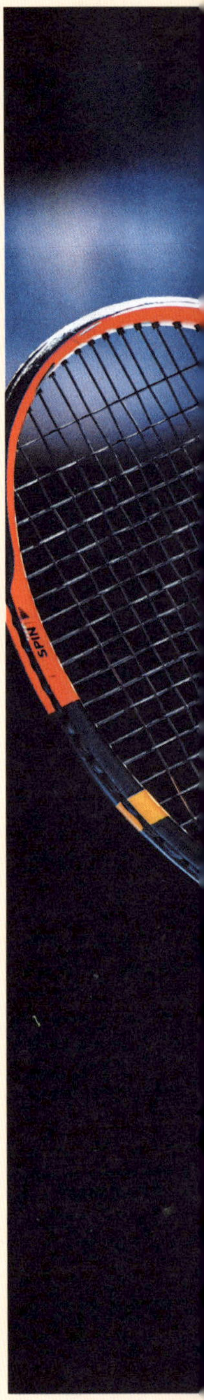

de revers effectués, la vitesse de la balle... Mais il conserve les caractéristiques d'une raquette normale. Un peu obscur, n'est-ce pas ? Sylvain Triquigneaux vient à la rescousse. « On ne change pas le poids, la balance ou l'inertie. Mais on vient modifier la construction des raquettes au niveau du manche, pour pouvoir intégrer de nouveaux éléments : la batterie, les composants, les capteurs ou le module électronique. Par conséquent la perception sensorielle du produit est un peu différente, que ce soit au niveau de l'oreille ou de la main. Cela ne change pas la jouabilité de la raquette, mais on vient quand même modifier les repères, et les repères pour un joueur comme Rafael Nadal, c'est quelque chose de fondamental.

L'autre aspect, transparent pour Rafa, moins pour nous, c'est qu'à partir du moment où la raquette intègre de l'électronique à l'intérieur du manche, cela devient plus complexe de customiser le modèle. Sur une raquette classique, nous avons suffisamment de place pour ajouter de la masse à l'intérieur du manche, alors que sur un modèle connecté, il faut faire avec le module et il a fallu adapter la manière de personnaliser techniquement le produit. »

Pas un franc succès, cette raquette. Ni le grand public, ni les professionnels ne l'ont adoptée. Outre Rafael Nadal, peu de joueurs et joueuses lui ont trouvé une place dans leur sac. La Portoricaine Monica Puig, championne olympique en 2016, et la Danoise Caroline Wozniacki ont tenté l'expérience. Mais d'excellents tennismen, comme Jo-Wilfried Tsonga ou Albert Ramos-Vinolas, ont préféré s'abstenir. Pour dire les choses franchement, le bénéfice n'est pas criant pour les joueurs de haut niveau. Ainsi, après avoir utilisé la *Babolat Play Aero Pro Drive* plusieurs années, le champion espagnol est finalement revenu vers une raquette traditionnelle, la marque française ayant décidé de ne plus commercialiser son modèle connecté. C'est sûr que si Rafa avait eu un coup de cœur, les choses auraient sans doute été différentes...

FLASHY COMME RAFA

Plus de raquette connectée, donc, mais une raquette à son nom, oui. Il fallait bien que cette idée sorte de terre, quand on sait ce que représente Rafael Nadal pour Babolat. L'Espagnol n'a pas manqué de s'impliquer dans le design de ce modèle, sobrement baptisé la *Pure Aero Rafa* : une raquette aux teintes chaudes et audacieuses qu'il est le seul joueur professionnel à utiliser. Il a lui-même choisi les couleurs de l'objet : le rouge, qui, associé au jaune de base de la raquette, évoque le drapeau espagnol, l'orange, hommage à sa surface de prédilection, la terre battue, et le violet, la couleur de l'honnêteté et de l'intégrité selon le champion. Sans oublier la petite touche finale : l'inscription *Rafa*, gravée à proximité du manche. « C'est une raquette qu'il adore, s'enthousiasme Jean-Christophe Verborg. Il y avait une vraie volonté de faire un modèle qui parle à tout le monde, qui donne envie, qui soit gai, d'autant plus dans le contexte actuel. »

C'est vrai qu'elle est gaie, cette raquette. Flashy, même, à l'image de sa personnalité, de son jeu et des tenues qu'il arbore. En même temps, c'est Rafa qui l'a choisie. Et cette démarche n'a rien d'étonnant : le Majorquin semble porter à sa raquette fétiche un profond attachement. On a souvent entendu dire qu'il n'avait jamais cassé une raquette de sa vie. Désolé, Jean-Christophe Verborg, mais nous avons envie de savoir si cette légende tennistique est vraie.

« Il lui est arrivé un jour de casser une raquette, mais c'était involontaire. Et il était très jeune. Jamais il n'est arrivé que Rafael Nadal nous appelle pour nous dire qu'il avait cassé une raquette. Il pourrait la lâcher sans le faire exprès lors d'un service par exemple, mais cela ne s'est jamais passé. »

Rafa serait donc un élève modèle. Une prouesse quand on sait qu'il a un paquet de raquettes à sa disposition. Sur une année, entre trente et quarante. Tâchons d'être précis : lors d'un tournoi, l'Ibérique détient en permanence six modèles numérotés dans son sac, ce qui correspond à un jeu de raquettes. Au cours d'un match, tous les sept ou huit jeux, il change de raquette, pour partir sur un cordage neuf et ainsi conserver un

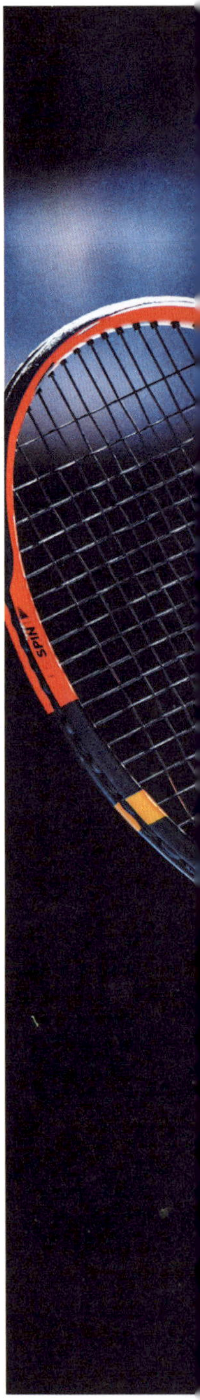

niveau de performance optimal. « Le cordage reste un produit qui vit, qui évolue ; il perd en tension avec le temps, explique Sylvain Triquigneaux. Pour avoir les mêmes sensations, les joueurs doivent renouveler leur cordage très régulièrement. Cette anticipation cxplique pourquoi il est rare aujourd'hui qu'un tennisman casse une corde lors d'un échange. »

Lors d'un tournoi du Grand Chelem, comme Roland-Garros, s'il va au bout du tournoi (et dispute donc sept matchs), il utilisera environ quatre-vingt raquettes, en matchs et aux entraînements. Avant d'aller s'exercer, il va faire corder deux de ses six raquettes qui constituent son jeu. Avant chaque rencontre, il fera corder l'intégralité de ses modèles. Il est important de préciser que son jeu de raquettes est renouvelé tous les deux mois ou tous les trimestres par son équipementier. Chaque année, avant la saison sur terre battue, Rafa reçoit systématiquement un nouveau jeu. Mais au final, l'Espagnol n'est pas vraiment un gros consommateur.

« Il y a de longues années, nous étions sur un tournoi juste avant Roland-Garros, et je vois l'état de ses raquettes. Ces modèles étaient ceux qu'on lui avait envoyé six mois auparavant, alors que nous lui avions envoyé une autre série ! On a dû lui expliquer que les raquettes n'étaient pas en sucre, mais que quand on joue avec entre deux et quatre heures, tous les jours, que l'on frappe dans une balle comme il le fait, il faut renouveler fréquemment son jeu de raquettes. Si ça ne tenait qu'à lui, il n'en consommerait que dix-huit par an ! » s'amuse Jean-Christophe Verborg.

Sans doute ne regarderez-vous plus la *Pure Aero* de Rafael Nadal de la même manière… Et c'est tant mieux : si cet outil de travail n'explique pas à lui seul les innombrables succès de l'Espagnol, son rôle s'avère primordial. Et il aurait été fâcheux de ne pas le souligner.

LE TRAVAIL COMME UNE ÉVIDENCE

Aux premières heures de l'incroyable rivalité entre Roger Federer et Rafael Nadal, et afin de cultiver leurs différences, les observateurs n'hésitaient pas à opposer la grâce du Suisse à la puissance de l'Espagnol, le talent inné au travail acharné. Une comparaison réductrice quand on sait aujourd'hui à quel point le tennis du Majorquin est complet et esthétique à bien des égards.

Mais il faut se souvenir de l'onde de choc déclenchée par l'éclosion de Rafa au plus haut niveau sur le circuit principal en 2005. Comme nous l'avons vu, au-delà de sa rage de vaincre — confondue parfois à tort avec de la prétention —, sa puissance, son endurance et sa capacité à faire vivre des calvaires à des adversaires pourtant aguerris ont fait l'effet d'une bombe. Si le tennis mondial a toujours compté parmi ses plus éminents membres des cogneurs et des serveurs surpuissants, rarement un joueur aussi précoce avait fait étalage de si bonnes dispositions. Des qualités nées d'un énorme travail engagé dès le plus jeune âge. Ce goût pour l'effort, l'Espagnol le conservera tout au long de sa carrière.

UN HÉRITAGE FAMILIAL

Pour comprendre la relation qu'entretient Rafael Nadal avec l'entraînement et le travail, il faut remonter à l'enfance et à l'adolescence. Issu d'une famille baignant dans le sport, il se passionne d'abord pour le football, discipline dans laquelle son oncle Miguel Angel se distingue, au sein du club du Fc Barcelone et de la sélection espagnole. Mais son autre oncle Toni — frère de Miguel Angel — ne l'entend pas de cette oreille. L'entraîneur historique de Rafa a repéré le talent de son neveu raquette en mains dès l'âge de trois ans, et parviendra à le convaincre de se consacrer uniquement à la balle jaune à douze ans. Il serait malvenu de dire que ce choix n'a pas été judicieux, même s'il a impliqué de multiples sacrifices.

Ancien joueur puis coach, Toni Nadal se voit confier l'éducation et la formation d'un jeune garçon doté de qualités indéniables, mais dont la progression passe inévitablement par le travail et les efforts démesurés. Il n'hésite pas à lui faire passer un nombre incalculable d'heures à

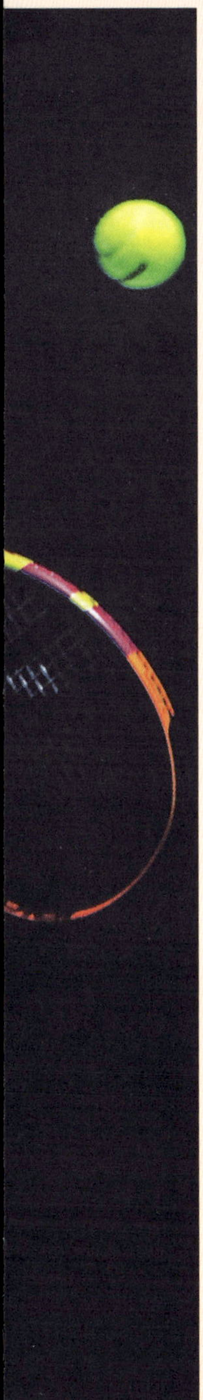

l'entraînement, à le forcer à répéter les mêmes gestes, inlassablement. L'objectif n'est pas uniquement de progresser mais de s'habituer aux efforts, aux tâches, à la souffrance. Que ce processus devienne naturel et plus encore une source de satisfaction et de plaisir. Ancien entraîneur du prodige entre 1996 et 2004 aux côtés de Toni, Jofre Porta nous confie à ce sujet : « On parle de Rafael Nadal comme d'un bourreau de travail, mais lui-même ne l'entend pas ainsi. Il n'a pas tant de mérite dans la mesure où le travail est pour lui le seul chemin vers la réussite : c'est comme si c'était naturel chez lui, il ne se pose pas de questions et sa détermination est sans limites ».

" Les joueurs espagnols ont cette culture de vivre pour le tennis, et Rafa en est une parfaite illustration. »

L'ancien joueur Thierry Champion ne dira pas le contraire, après s'être replongé dans de vieux souvenirs. « J'entraînais Gaël Monfils lorsque Rafa a gagné son premier Masters 1000, à Monte-Carlo, à dix-huit ans. Gaël avait bénéficié d'une invitation et jouait Nadal au premier tour. Ce dernier s'était imposé 6-3, 6-2. Le tournoi était donc terminé pour Gaël qui avait décidé de jouer les qualifications du tournoi de Barcelone, pendant que Rafa disputait sa demi-finale et sa finale à Monte-Carlo. Gaël s'était qualifié dans le tableau principal et devait rejouer le lundi. Ce jour-là, on arrive vers 8h30 au club, et à cette heure-ci, il n'y a pas grand-chose à faire ! Tout au loin, on entend un mec qui frappait de toutes ses forces : c'était Rafa qui était en train de taper des balles alors qu'il venait de remporter le tournoi monégasque. N'importe quel autre joueur aurait festoyé ou pris une journée de repos après une telle victoire. Lui, non. » Incontestablement, la voie empruntée très tôt par l'Espagnol rappelle celle prise par ses glorieux prédécesseurs.

UNE TRADITION ESPAGNOLE

Cette culture du travail et cette formidable capacité à encaisser semblent couler dans les veines de très nombreux joueurs espagnols. Qu'il s'agisse de retraités ou de tennismen toujours en activité, tous apprécient les bienfaits de séances longues et intenses pour perfectionner au millimètre leur technique, mais aussi leur physique. Un cliché vérifiable consisterait à dire que les Espagnols sont durs au mal et possèdent un coffre supérieur à la moyenne. « Les joueurs espagnols ont cette culture de vivre pour le tennis, et Rafa en est une parfaite illustration, explique Emilio Sanchez. Aujourd'hui, on a des joueurs comme Roberto Bautista-Agut ou Pablo Carreño Busta, ce ne sont pas des immenses tennismen mais ils consacrent tout leur temps au tennis et sont plus professionnels que les autres. Et ça paie : ils sont forts physiquement, ils mettent toujours la balle dans le court et sont parmi les meilleurs joueurs. »

Selon l'ancien joueur professionnel, cette particularité ibérique trouve ses origines dans l'histoire politique du pays. « Pourquoi les joueurs espagnols sont capables d'enchaîner des séances d'entraînement éprouvantes ? Il y a une raison sociale et historique à cela. C'est l'héritage de Franco et des années de dictature. Jusque dans les années 1970, les gens ne pouvaient pas faire trop de sport. Ensuite, c'est devenu l'un des meilleurs moyens de créer du lien social et, pour les plus doués, de gagner beaucoup d'argent. » Mais pour que la transmission se fasse de génération en génération, encore faut-il que les anciens assurent le passage de témoin.

C'est précisément la mission que s'est donnée Juan Carlos Ferrero avec Carlos Alcaraz. L'ancien vainqueur de Roland-Garros a utilisé son expérience, sa science du tennis et de l'entraînement pour transmettre toutes ses connaissances à son poulain, arrivé comme une fusée sur le circuit. Et si ce dernier est assurément un joueur complet, c'est aussi sa résistance à la douleur et son aptitude à disputer des matchs à rallonge qui lui ont valu de remporter deux Masters 1000, à Miami et Madrid. Il aime d'ailleurs rappeler son immense respect pour ses pairs et son admiration sans faille pour Rafael Nadal.

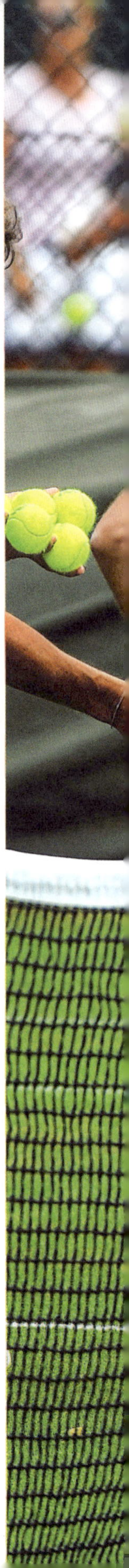

Dans un autre registre — même si pousser Rafa à s'entraîner consiste à prêcher un convaincu — Carlos Moya, son entraîneur actuel, continue également d'encourager son protégé, de lui fixer des limites et d'avoir un rôle majeur dans sa préparation. Et bientôt, ce sera au tour du Majorquin de former les futures pépites du tennis mondial en leur inculquant ses valeurs par le biais de son académie. Les résultats sont déjà prometteurs.

En attendant de voir le vainqueur de vingt-deux titres du Grand Chelem dans le box d'un champion, les petites têtes blondes espagnoles continuent d'impressionner les observateurs, à commencer par le préparateur physique Sébastien Durand, subjugué lors d'un déplacement à Madrid : « J'aime beaucoup leur état d'esprit. C'est à la fois un très bon mélange entre la valorisation du travail, de l'entraînement et cette volonté d'aller de l'avant. Leur vision, c'est de prendre du plaisir à s'entraîner, à jouer et à être compétiteur. À l'occasion du tournoi de Madrid, j'étais allé sur des courts un peu à l'écart où se trouvaient des jeunes âgés de huit ou neuf ans. On voyait les gamins qui arrivaient, un par un.

Le premier exercice consistait à se renvoyer la balle dans la diagonale de coup droit. Le premier qui faisait la faute devait courir tout autour du terrain, et tout de suite ! Leur objectif était de ne pas rater et de mettre une grosse intensité pour essayer de faire rater l'autre. On retrouve souvent ce genre d'exercices sous forme de défis ou de jeux. Ce sont des challenges qui sont toujours constructifs, avec l'ambition d'en faire plus et de faire mieux que les autres. Ça en dit long sur cette culture qui promeut le dépassement de soi, la nécessité de faire les efforts et de s'entraîner dur. »

Dépassement de soi et goût pour l'effort, tiens donc... Deux notions qui viennent immédiatement à l'esprit lorsque l'on assiste à un entraînement du Taureau de Manacor.

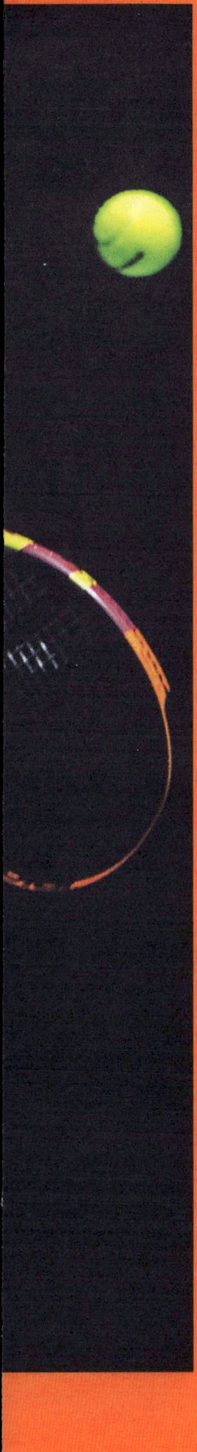

« Lui joue comme il va jouer en compétition, ce qui n'est pas le cas de la plupart des joueurs. On ne s'est pas entraînés énormément de fois, mais je me souviendrai longtemps de cette grosse intensité. »

UN SEUL MAÎTRE-MOT : INTENSITÉ

Si l'appétence du Majorquin pour le travail trouve sa source dans son héritage familial et culturel, elle n'explique pas l'intensité que ce dernier met à chacun de ses entraînements. Émilie Loit a failli tomber de sa chaise à plusieurs reprises. « Beaucoup de joueurs tapent la balle assez doucement. Mais en ce qui concerne Rafael Nadal, c'est effarant de voir à quel point il frappe fort, beaucoup plus qu'en match. Il joue deux balles normalement, et la troisième, il l'explose ! Tu as la sensation qu'il veut éclater la balle, il va au-delà de son niveau maximal. C'est d'ailleurs la raison pour laquelle il y a peu de joueurs qui aiment jouer avec lui. L'Espagnol commet même des fautes grossières tellement la balle va vite. Il est au taquet sur chaque coup ! Frapper avec autant d'intensité lui permet vraisemblablement de régler son jeu, de trouver le rythme qu'il va avoir en match. J'ai assez peu d'équivalents, même si l'Argentin Juan Martin Del Potro était très impressionnant aussi à l'entraînement en termes de précision et de vitesse, mais ça reste un peu comme en match... Rafa, lui, veut faire beaucoup plus que ce qu'il est capable de faire dans une rencontre. »

Mais pourquoi s'acharne-t-il à frapper si fort, quitte à envoyer un bon nombre de coups droits dans les bâches ? Pour donner de faux indices à ses adversaires ? Ce serait astucieux, mais ce n'est pas le cas. Sébastien Durand, qui a eu le plaisir d'être convié à l'académie de tennis de Rafael Nadal, nous livre un élément de réponse : « Il nous avait expliqué la raison pour laquelle il frappait aussi fort à l'entraînement. Il nous a dit que le plus important pour lui, c'est l'intensité physique. Même si au début de ses entraînements, les balles sortent un peu, l'intensité de la frappe de balle prime sur le reste. Et quand il rate, il ne bronche pas. On pourrait lui dire de ralentir parce qu'il commet plein de fautes, mais il continuerait dans la même voie. André Agassi, que j'ai rencontré plusieurs fois à Las Vegas, faisait la même chose. Il frappait des balles, et si elles sortaient, il considérait que ce n'était pas grave. Ce sont des bonnes fautes : les balles sont dehors mais elles sont justes dans la mesure où il y a une bonne intention et de l'intensité. Ce qui est impressionnant, c'est qu'il

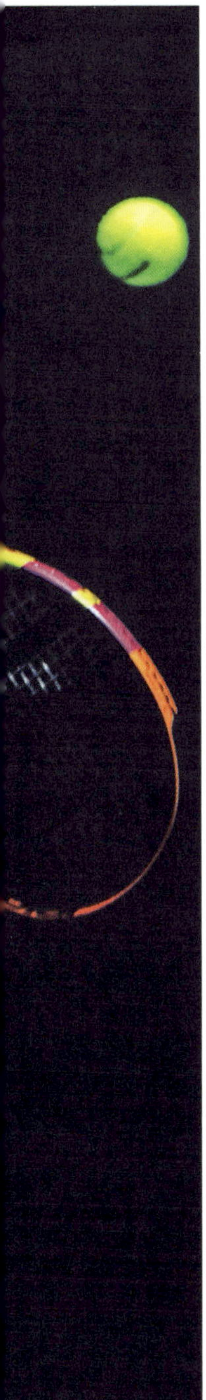

est imperturbable et qu'il resterait focalisé sur ce qu'il doit faire même si un séisme se produisait ! Il donne cette sensation d'être dans son monde et on n'a vraiment pas envie d'aller le déranger. J'ai connu cela avec Serena Williams ; elle peut travailler pendant quarante-cinq minutes, mais pendant ce laps de temps, il n'y a rien d'autre qui compte. »

Un practice complet du roi de la terre battue est un spectacle qui n'a pas son pareil. Pendant une heure, une heure trente ou deux heures selon sa forme, ses besoins et son envie, il multiplie les exercices de style et s'impose des contraintes afin de régler les derniers détails avant la compétition. Selon Arnaud Di Pasquale : « Quand Rafael Nadal s'entraîne pendant une heure trente, cela équivaut à cinq heures pour un autre joueur. À l'échauffement, c'est incroyable de constater qu'il pense déjà au match qui vient. Il fait parfaitement le lien entre l'entraînement et la compétition. Et puis, avec l'âge, il travaille moins en volume mais de manière plus qualitative ».

La qualité, c'est par exemple de placer de temps à autre deux joueurs de l'autre côté du court pour... varier les plaisirs. « Ce sont des entraînements où il y a une part d'inconnu et une forme de pression permanente : les jeux à deux contre un, les exercices où il est interdit de faire un revers, etc. Ce sont des conditions de jeu très difficiles à accepter et à maîtriser, confie Emmanuel Heussner. Mais au final, l'inconfort de l'entraînement devient le confort du match. Cela a énormément inspiré ma manière de fonctionner. Je travaille beaucoup avec des contraintes. Et je trouve que ces entraînements-là sont excellents, parce qu'on travaille à la fois le jeu et la tête du joueur. »

Pour parvenir à ses fins et se préparer au mieux, le Majorquin a besoin de partenaires au diapason, capables de le challenger sans commettre d'impairs. « Tout ce qu'il fait au quotidien est dirigé vers un seul objectif : être le plus compétitif possible. Par conséquent, il est à deux cents pour cent à chaque entraînement. Si tu commets deux ou trois fautes de suite, il ne le prend pas très bien parce qu'il donne la même importance à un entraînement qu'à un match. Il veut se rapprocher de la perfection. Tant qu'il ne frappe pas la balle comme il l'entend, il continue... » témoigne Emilio Sanchez.

Perfectionniste dans l'âme, Rafa a besoin de ses nombreuses séances pour se jauger, s'adapter à la surface et progresser tout au long d'un tournoi. Pas étonnant donc, de le voir réclamer la réservation d'un court d'entraînement à son équipe, à peine la balle de match remportée face à John Isner en seizième de finale du Masters 1000 de Rome en 2022... Une rencontre qui ne lui a manifestement pas apporté sa dose suffisante de travail, une recherche permanente du matin au soir. « À partir du moment où il a terminé son entraînement du matin, il faut qu'il récupère pour pouvoir aller faire l'entraînement de l'après-midi, et celui-ci doit servir à quelque chose. C'est un travail de titan. Mais il faut avoir l'état d'esprit adéquat pour faire cela. Il y a certains joueurs sur le circuit qui n'ont pas ce mode de fonctionnement. Rafa court après l'histoire, ce n'est pas une question de bien jouer au tennis et de gagner sa vie, c'est une envie permanente d'aller de l'avant » analyse ainsi Jean-Bernard Fabre, le créateur de HumanFab.

Ajoutez-y la volonté de mêler le travail au plaisir et vous obtenez le cocktail parfait. « Je m'entraîne avec de moins en moins de pression, racontait le Majorquin en décembre 2019. Avant, j'étais extrêmement exigeant avec moi-même sur mes entraînements. Attention, je suis toujours très exigeant, hein, mais je ressens vraiment moins de tension dans ces moments-là et ça me rend plus heureux. »

DES PARTENAIRES ENTRE ADMIRATION, PROGRESSION ET COMPLEXE

Mais ceux qui parlent le mieux de cette incroyable force de travail sont les joueurs qui se sont retrouvés face à l'Espagnol à l'occasion d'entraînements spécifiques ou de matchs organisés.

« Avoir la chance de s'entraîner avec un champion comme lui, c'est formidable, on ne peut qu'apprendre. J'ai été choqué par l'incroyable intensité qu'il met dans chaque balle ». Le compliment est signé Jannik Sinner, l'un des symboles de la nouvelle génération qui s'est exprimé sur le sujet dans les colonnes de *La Gazzetta dello Sport* en septembre 2020. Membres de

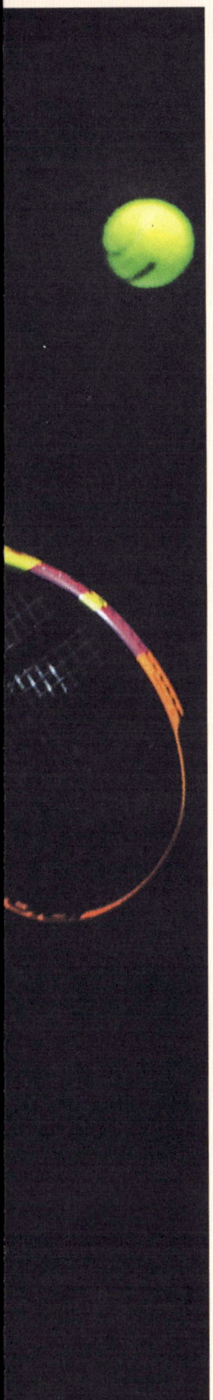

l'ancienne ou de la nouvelle génération, tous les partenaires de practices de Rafael Nadal admettent volontiers avoir vécu une expérience hors du commun, même si le plaisir pris est variable. Ainsi, le joueur français Gilles Simon garde des souvenirs contrastés de ses échanges hors compétition avec le Majorquin : « Honnêtement, la période d'entraînement où il frappe de toutes ses forces et met tout dans le mur, c'est un peu pénible. Je sais d'ailleurs que beaucoup de joueurs lui ont reproché cela. En revanche, c'est super de faire des points avec lui parce qu'il met vraiment la même intensité qu'en match. On sent qu'il veut tout gagner, par conséquent c'est un vrai match d'entraînement dans lequel il met tout ce qu'il a. Lui joue comme il va jouer en compétition, ce qui n'est pas le cas de la plupart des joueurs. On ne s'est pas entraînés énormément de fois, mais je me souviendrai longtemps de cette grosse intensité ».

Les joueurs espagnols, qui font partie de ses victimes préférées en tournoi, ne rechignent jamais à aller au charbon face à lui à l'entraînement. Ce n'est pas toujours bon pour la confiance — et ce n'est pas Pablo Carreño Busta, régulièrement opposé au Majorquin sur le court Philippe-Chatrier avant le début de Roland-Garros, qui dira le contraire —, mais c'est aussi l'opportunité d'optimiser sa préparation. Coach de Roberto Bautist-Agut, José Vendrell explique qu'avec son protégé, ils n'ont pas hésité une seule seconde avant de rejoindre l'île de Majorque fin 2020 pour se mesurer au phénomène.
« Rafael Nadal améliore chaque aspect de votre jeu. Il place la barre très haut. Sa demande est surnaturelle. Tout cela aide beaucoup. C'étaient des journées de grande qualité, que ce soit pour Roberto ou pour Rafael. Nadal fait en sorte d'effacer les marges d'erreur. Si vous commettez une petite maladresse, il en profite très bien. Il faut commencer les points avec beaucoup d'agressivité. Même si vous frappez fort, vous n'êtes pas à l'abri de vous faire contrer. Il améliore ta forme, mais aussi ton niveau mental, technique et tactique. Il est comme une centrifugeuse. Il vous sort de votre zone de confort, vous remue et vous demande beaucoup. Je n'ai pas la sensation qu'il y ait une grande différence entre le Nadal à l'entraînement et celui qui joue en compétition. C'est juste magnifique d'avoir la chance de pouvoir vous entraîner avec lui. Et c'était une incroyable opportunité pour Roberto de faire des entraînements aussi qualificatifs avant le début de la saison. »

Juan Carlos Ferrero, qui sait plus que quiconque l'importance du travail et des entraînements, abonde dans ce sens : « Avec lui, c'est toujours un plaisir de s'entraîner. Tu sais d'avance que ce sera un travail productif, de par son attitude et son comportement à l'entraînement. S'il avait dérogé à cette exigence, il n'aurait jamais pu accomplir tout ce qu'il a fait ». Productif mais difficile donc de se retrouver face à Rafael Nadal au vu du challenge physique et psychologique qu'il propose à chaque instant. « Il met tellement d'impact, cela confirme qu'il ne fait rien sans être à cent pour cent. Ce n'est pas toujours facile pour celui qui est en face… Mais ce sont toujours des moments où l'on apprend beaucoup de choses. On pense souvent à la dimension physique, mais l'intensité psychologique, c'est encore autre chose. Cette forme d'intensité qu'il est capable de tenir à un niveau très élevé pendant des heures, ce n'est pas à la portée de beaucoup de joueurs » précise Éric Winogradsky, tombeur de Stefan Edberg à Roland-Garros en 1987.

« J'ESPÈRE QUE JE NE VAIS PAS ÊTRE RIDICULE ! »

Si le challenge est déjà très relevé pour un joueur professionnel qui a l'habitude de croiser le Majorquin sur le circuit, imaginez ce que cela peut représenter pour un sparring-partner. Pour mieux comprendre, laissons la parole à Vivien Cabos, jeune tennisman très demandé par les meilleurs joueurs du circuit. C'est ainsi qu'il a régulièrement eu le plaisir de taper la balle avec Stefanos Tsitsipas, Grigor Dimitrov ou Karen Khachanov. Et puis, lors de l'édition 2019 de Roland-Garros, le Français s'est entraîné avec Rafael Nadal. Une première mémorable mais extrêmement stressante… « J'ai su la veille au soir que j'allais m'entraîner avec Rafael Nadal. C'était un rêve qui se concrétisait. C'est un joueur que j'adore, certainement mon tennisman préféré. Cela faisait longtemps que je devais jouer avec lui et à chaque fois, la session était annulée au dernier moment. La veille de mon entraînement avec lui, prévu au Centre d'entraînement de Jean Bouin, je n'ai pas dormi de la nuit. Je me disais : *J'espère que je ne vais pas être ridicule !* J'étais dans un état d'excitation maximal, d'autant plus que je fêtais mon anniversaire le lendemain ! Le jour de l'entraînement, je me rappelle avoir fait part

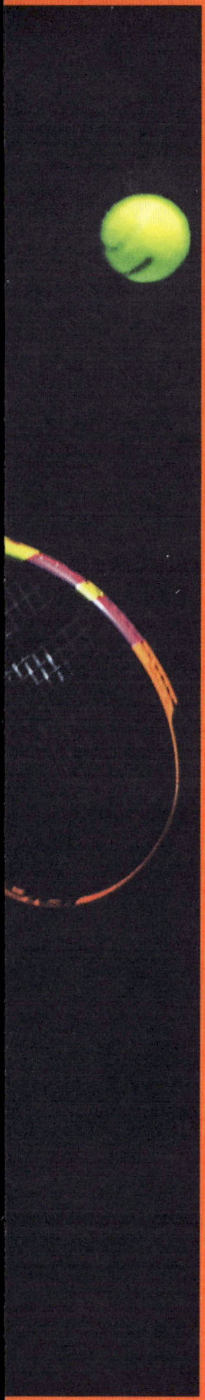

« À chaque fois qu'il va sur un court de tennis, c'est pour améliorer quelque chose, pour retrouver une sensation qu'il aurait perdue, ou trouver une sensation qu'il n'aurait pas encore captée. »

de mon stress à son entraîneur, Carlos Moya. Lui a tout fait pour me rassurer en me disant : *T'inquiète pas ! Il sera là pour te mettre à l'aise. Il est super cool, et s'il voit que tu fais de ton mieux, tout va bien se passer*. Il a même proposé de faire quelques balles. Puis Rafael Nadal est arrivé sur le court. La sensation était bizarre : il fait à peu près la même taille que moi, mais quand on le voit, il y a une sorte d'aura qui l'entoure... On a l'impression qu'il prend une place monumentale. Quand il a voulu traverser le court, j'ai tout de suite stoppé l'échange que je disputais avec Carlos Moya alors que, généralement, je continue à jouer. Je n'avais clairement pas envie de lui envoyer la balle dans la tête ! Mon stress s'est encore accentué quand de jeunes enfants se sont agglutinés tout autour du terrain, impressionnés par la présence de cet immense champion. »

Le décor est planté. Reste alors à ne pas se laisser déborder par ses émotions pour parvenir à se concentrer, presque plus qu'en match ! « Cela m'a beaucoup étonné, mais en début d'entraînement, Rafael Nadal tapait la balle très lentement. Mais il monte en puissance au fur et à mesure de l'entraînement, et à la fin, ça va à une vitesse... C'est impressionnant ! Je pense vraiment qu'il frappe plus fort qu'en match, poursuit le Marseillais, également coach à l'*IBS Tennis Academy* de Thomas Enqvist, à Aix-en-Provence. Il peut d'ailleurs faire des fautes énormes mais il s'en fiche. En revanche, ça le rend dingue de faire une faute au filet. J'avais l'impression qu'il frappait le plus fort possible en se disant qu'en match, il mettrait de l'effet et que la balle resterait dans le court. Et moi, j'étais là, face à lui, dans une bulle de concentration maximale parce que je savais et je voyais qui j'avais en face de moi ! J'essayais de ne pas le regarder, de me focaliser exclusivement sur la balle. Sa balle justement... Elle tournait tellement que j'avais l'impression de voir les poils qui partaient au moment où elle arrivait vers moi. À un moment, son entraîneur est venu me voir et m'a dit qu'on allait jouer tous les deux face à Rafael Nadal... Je n'avais qu'un demi-terrain à tenir et, malgré ça, l'intensité et la précision qu'il continuait à mettre étaient folles. Contre lui, c'est simple : tu as l'impression que sur chacune de ses balles, il faut faire un effort pour ne pas reculer d'un mètre. Ce jour-là, j'ai compris pourquoi il avait gagné tant de fois Roland-Garros. »

À en croire le sparring-partner, peu de joueurs dégagent une telle impression en dehors des matchs. « Cette même rigueur à l'entraînement, où rien n'est laissé au hasard, je ne l'ai connue qu'avec un seul autre joueur, Novak Djokovic. En étant en face, tu ressens presque une forme de peur en jouant contre eux. Quand je suis partenaire d'entraînement, je veux toujours faire les choses bien, être à la hauteur et qu'on n'ait pas à se plaindre de moi. Avec eux, il y a vraiment du stress, mais c'est une situation que j'adore parce que cela me transcende. Leur exigence irradie toutes les personnes qui sont sur le court, que ce soit moi, les entraîneurs… Cela met une ambiance particulière, mais comme je m'occupe de jeunes joueurs au sein d'une académie, ce sont des moments riches d'enseignements. »

Par son comportement et son exigence, Rafael Nadal oblige donc ses partenaires d'entraînement (peu importe leur niveau) et ses adversaires à une rigueur de tous les instants. Mais les joueurs ne sont pas les seuls concernés. L'ancien arbitre international Pascal Maria reconnaît « qu'il est dur d'arbitrer un match avec Rafael Nadal parce qu'il demande le meilleur de votre part. Il est intransigeant sur sa préparation. S'il est arrivé là, c'est qu'il est un fou de travail. Pour lui, c'est quelque chose d'hyper important et donc, indirectement, il oblige à être meilleur. Dans la mesure où il est intransigeant avec lui-même, on se doit aussi, en tant qu'arbitres, de donner le meilleur de nous-mêmes, et il n'accepterait pas la moindre erreur. C'est la raison pour laquelle il a, de temps à autre, des discussions animées. Comme il travaille pour être le meilleur, il a du mal à comprendre qu'il puisse être sanctionné ».

LE TRAVAIL, SOURCE DE RÉUSSITE ET D'ÉVOLUTION

Cette culture de l'effort et cet engagement permanent apportent un élément de réponse quant à sa capacité à performer sur le circuit, même après plusieurs mois d'absence. Son sacre en Australie, en 2022, et la série de vingt victoires consécutives qui a suivi sont le fruit de ses nombreux sacrifices. Rafael Nadal repousse constamment ses limites et celles de son sport. Et si rien ne remplace les sensations d'une rencontre, la rigueur

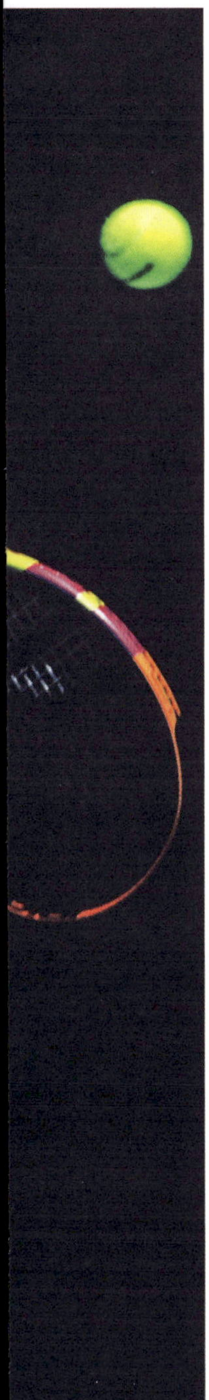

et les contraintes qu'il s'applique au quotidien lui permettent de ne jamais vraiment perdre le rythme. Plutôt utile lorsqu'on est régulièrement stoppé par des blessures.

Et s'il dispute chaque entraînement comme un match, c'est parce qu'il a toujours un objectif précis avant d'entrer sur le court. Qu'il s'agisse de s'adapter à une surface, de prendre ses marques par rapport aux balles du tournoi ou de vouloir régler un aspect particulier de son jeu, chaque minute est utile. Ce souci du détail laisse Jean-Paul Loth admiratif : « À chaque fois qu'il va sur un court de tennis, c'est pour améliorer quelque chose, pour retrouver une sensation qu'il aurait perdue, ou trouver une sensation qu'il n'aurait pas encore captée. En permanence, il cherche à s'améliorer. »

Ce perfectionnisme poussé à son paroxysme a permis à Rafa de progresser tout au long de sa carrière et de réussir à s'adapter à de multiples adversaires et situations. On l'a vu, c'est un équilibre qui ne convient pas à tous les profils et à toutes les mentalités. « On a un contre-exemple avec Gaël Monfils, qui avait sans doute le talent pour avoir une plus grande carrière, poursuit Jean-Paul Loth. Mais peut-être n'en avait-il pas suffisamment envie. Si on n'a pas envie de s'entraîner cinq heures par jour, de se prémunir de blessures éventuelles, d'organiser une vie d'athlète de haut niveau... On peut le regretter, mais que peut-on dire de plus ? J'imagine qu'à un certain moment, le Français a essayé de faire le maximum, mais il y avait peut-être trop d'efforts à fournir.

Se dépasser constamment ne correspond pas forcément à chaque personne. On peut toujours critiquer cela, dire que c'est dommage, mais il faut comprendre que certains veulent et d'autres ne veulent pas et ont leurs raisons. Avec Rafael Nadal, tout est plus clair : physiquement, techniquement et mentalement, il était fait pour être numéro un mondial. »

Après tout ce que l'on s'est dit, on peut penser qu'il ne l'aurait sans doute pas été sans cette discipline, cette rigueur et cette force de travail. Et comme Rafa a su travailler intelligemment, il a constamment fait évoluer son jeu. Et c'est encore le cas aujourd'hui.

CHAPITRE 9

L'ÉVOLUTION DE SON JEU

On sait Rafael Nadal passionné de football et de golf, mais a-t-il pour le rugby le même intérêt ? Rien n'est moins sûr. Ce qui l'est, en revanche, c'est que le joueur espagnol s'est évertué à appliquer une devise chère aux All Blacks, les joueurs néo-zélandais : « Être meilleur ne s'arrête jamais ». Comme tout grand champion, Rafa n'a cessé d'emprunter le chemin de l'amélioration et de contourner celui de l'immobilisme.

« J'estime avoir été un joueur en constante évolution, qui a toujours cherché à devenir meilleur sur chaque surface, mais aussi à s'adapter aux limites que tous les problèmes physiques au cours de ma carrière m'ont imposées dans mon corps, s'épanchait en 2019 l'homme aux vingt-deux titres du Grand Chelem. C'est une fierté en soi, parce que j'ai toujours su garder la tête ouverte au changement. Et, à chaque fois, avec la claire intention d'améliorer les choses. S'entraîner juste pour s'entraîner, ça n'aurait pas de sens. »

Il faut dire qu'aux côtés de son oncle et entraîneur, Toni Nadal, le Majorquin a été à bonne école.

« Quand Rafa était tout jeune, il est allé jouer une finale d'un tournoi national, se remémore l'ex-tennisman espagnol Emilio Sanchez. Son oncle lui a dit de jouer exclusivement des services volées. Rafa l'a écouté mais il a perdu la rencontre en deux sets. Il pleurait à la fin du match et lui a dit qu'il aurait pu gagner s'il avait joué son jeu. Toni lui a répondu : *Je dois te féliciter aujourd'hui. Tu as montré que tu pouvais avoir un jeu agressif. Ensuite, tu as appliqué mes consignes. Enfin, tu as continué à faire cela alors que tu perdais*. Il a compris la nécessité de faire évoluer son jeu. »

Emmanuel Heussner, notre spécialiste de la préparation mentale, porte depuis longtemps un regard admiratif sur le champion espagnol. « Rafael Nadal cherche d'abord à être meilleur que lui-même, avant d'être meilleur que les autres, explique-t-il. L'intention première est donc de progresser, pour ensuite aller combattre avec de nouvelles armes. Il ne faut surtout pas faire les choses dans le sens inverse : il y a trop de jeunes joueurs qui veulent se jeter dans la bataille alors qu'ils ne sont pas prêts. Plus Rafael Nadal progresse, innove, plus il gagne des titres. Mais innover ne

veut pas dire tout casser et changer : on garde les bonnes bases mais on va mettre des choses supplémentaires en place ».

TERRIEN MAIS PAS SEULEMENT

Si la carrière du Majorquin reste marquée par son accomplissement incroyable à Roland-Garros — quatorze victoires en dix-huit participations —, si l'Espagnol est depuis bien longtemps le meilleur joueur de l'histoire sur terre battue, faire de Rafael Nadal un joueur uniquement terrien constitue une injustice au regard de sa carrière. Pourtant, dès 2005, après son premier sacre aux Internationaux de France, beaucoup doutent de ses capacités à être aussi performant sur les autres surfaces. Une bien mauvaise prophétie, même si, à l'époque, elle s'appuie sur un argument recevable : son jeu est celui d'un spécialiste de la terre battue.

« Au début de sa carrière, il me faisait penser à un lion qui fait courir sa proie pour la fatiguer. Lors des entames de match, il disputait des échanges extrêmement longs alors qu'il pouvait conclure plus tôt. Mais le but était de faire courir son adversaire, afin que la partie soit de plus en plus difficile, et qu'elle devienne une promenade de santé dès la fin du premier set. Il avait une maîtrise impressionnante pour un garçon de son âge », se souvient Emmanuel Heussner.

L'histoire du tennis regorge de joueurs performant uniquement sur une surface. Andres Gomez, Sergi Bruguera, Gustavo Kuerten, Albert Costa ou Gaston Gaudio ont tous gagné au moins une fois Roland-Garros, mais ils n'ont jamais atteint le dernier carré d'un autre tournoi du Grand Chelem. Rafael Nadal a tout fait pour ne pas appartenir à ce club.

« Il a réussi à faire évoluer son jeu ces quinze dernières années pour devenir un tennisman tout-terrain, et ça, ça fait de lui un joueur unique, explique la joueuse tricolore Alizé Cornet. Il a gardé son coup droit lifté à décorner les bœufs, avec beaucoup d'effet, beaucoup de violence dans sa frappe, mais il l'a fait évoluer pour jouer aussi bien sur dur que sur gazon. Il est devenu complet au fur et à mesure des années… Ça prouve

> *Il a réussi à faire évoluer son jeu ces quinze dernières années pour devenir un tennisman tout-terrain, et ça, ça fait de lui un joueur unique. »*

encore une fois le travail qu'il y a derrière, la volonté de progresser et de repousser ses limites. On l'a catalogué comme un joueur terrien, qui allait arrêter sa carrière à vingt-cinq ans parce qu'il allait être épuisé, aujourd'hui il en a trente-six et il gagne sur toutes les surfaces. C'est juste fantastique. »

Rafael Nadal a remporté beaucoup de grands tournois sur d'autres surfaces que la terre battue. Huit en seize finales, si l'on ne prend en compte que ceux du Grand Chelem, glanés entre 2008 et 2022. C'est un de plus que le nombre de Majeurs obtenus par deux légendes du jeu qu'étaient Mats Wilander ou John McEnroe, deux de plus que l'Allemand Boris Becker ou le Suédois Stefan Edberg, joueurs qui convoquent chez les nostalgiques de ce sport quelques souvenirs savoureux.

Pour Éric Winogradsky, « le Nadal du début de carrière n'a pas grand-chose à voir avec le Nadal d'aujourd'hui. Je l'ai vu tout gamin sur des surfaces sur lesquelles il n'était pas du tout à l'aise. Dans ses premières années, il courait partout, il était très puissant, extrêmement difficile à déborder. Son jeu est bien plus complet. C'est la marque des très grands champions qui cherchent constamment à s'améliorer. En réalité, il a compris cette nécessité pour continuer à faire partie des tout meilleurs, mais c'est aussi un désir profond. Être meilleur, ce n'est pas uniquement courir jusqu'à ne plus en pouvoir ou donner le meilleur de soi-même tous les jours, c'est aussi progresser techniquement, tactiquement, et lui est habité par cette volonté d'aller de l'avant ».

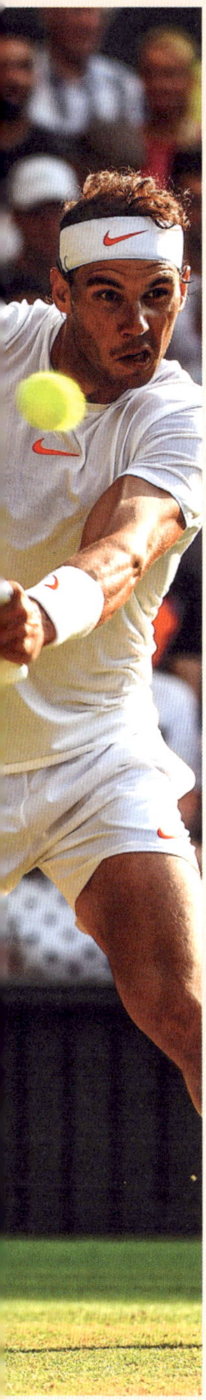

LE RÊVE WIMBLEDON

Cela peut surprendre, mais le rêve de Rafael Nadal était de gagner Wimbledon, un tournoi qui, avant 2008, n'a souri qu'à un seul joueur espagnol, Manolo Santana. Mais ce genre de considération, tout comme son manque de prédispositions sur gazon, n'ont pas entamé les ambitions du Majorquin. Sa capacité d'adaptation et son insatiabilité sont telles qu'il devient rapidement un joueur redouté sur l'herbe londonienne, un statut que Rafa doit aussi au ralentissement des surfaces, opéré au début des années 2000.

« Il aurait été moins à l'aise dans les années 1990 : la balle ne rebondissait pas et le jeu allait très vite. Maintenant, le rebond est beaucoup plus haut. Ça n'a rien à voir. Ça l'a aidé dans la mesure où il a plus de temps pour s'organiser, pour jouer du fond et placer son gros coup droit », précise l'ancien joueur Florent Serra.

Cet élément ne rend pas la performance de Rafael Nadal moins admirable.

« C'est fou qu'il ait gagné sur gazon, mais il fallait bien qu'il gagne sur toutes les surfaces, remarque à juste titre Émilie Loit. Je pense qu'il s'est cherché sur ce revêtement, comme Roger Federer s'est cherché sur terre battue. Il s'est posé plein de questions : Est-ce que je garde la même amplitude ? Est-ce que je raccourcis mes préparations ? Que dois-je faire pour construire mes points ? Est-ce que je vais au filet en permanence alors que ce n'est pas ma filière de base ? Est-ce que j'essaie de prendre la balle plus tôt et d'être encore plus agressif, notamment sur les premiers coups de raquette ? Naturellement, il y a une multitude de réglages à faire. C'est comme une Formule 1 que l'on prépare, c'est extrêmement minutieux parce qu'il affronte des joueurs spécialistes du gazon qui sont remarquables. »

L'Espagnol a manifestement trouvé les réponses opportunes aux nombreuses questions qu'il s'est posées. À vingt-quatre ans, Rafael Nadal avait déjà soulevé à deux reprises le trophée de Wimbledon, provoquant la

même stupéfaction que lors du premier sacre en Grand Chelem d'André Agassi, en 1992. Sans oublier trois autres finales disputées en 2006, 2007 et 2011. On en connaît quelques-uns qui cherchent encore à comprendre.

« Pour lui, c'était plus facile de gagner à Roland-Garros qu'à Wimbledon. Il a moins de questions à se poser, il met une stratégie en place qui est assez répétitive parce qu'elle fonctionne à merveille, nous explique Rodolphe Gilbert, qui a participé cinq fois au tournoi anglais entre 1991 et 1997. Il a su apporter des corrections à son jeu pour pouvoir se donner les moyens de gagner Wimbledon. Il n'y a qu'à voir sa position de retour pour savoir que c'est assez réfléchi. Autant sur terre battue, il va retourner de très loin, autant sur gazon, s'il fait cela, il sait que ça va être très compliqué. Il est capable de s'adapter. Il est parvenu à jouer plus près de sa ligne, à être plus bas sur ses jambes, à rechercher dans le jeu du relâchement et à prendre un peu plus de risques que sur terre battue. »

À en croire certains, Rafa se serait même inspiré du maître de la surface, Roger Federer, titré à huit reprises sur le gazon britannique entre 2003 et 2017, pour continuer à être compétitif sur ce revêtement. Il ne faut pas oublier que si l'Espagnol a connu quelques sorties de route prématurées à Wimbledon — rappelez-vous des défaites contre Dustin Brown, Lukas Rosol et Nick Kyrgios — il est aussi parvenu à retrouver les demi-finales du tournoi à trois reprises, en 2018, 2019 et 2022.

« Ce qui saute aux yeux, c'est le rapprochement avec Federer, explique Thierry Champion, l'ancien directeur du haut niveau en France. Rodge joue plus vite qu'avant, en demi-volée, et ne te laisse pas respirer. Mais Nadal fait exactement la même chose, avec son propre style de jeu. Sur herbe, il colle à la balle. Quand elle rebondit, il est déjà en place. Après le premier coup, il ne fait qu'avancer dans le terrain. Il frappe avant l'autre et mène le jeu en permanence. En fait, il reproduit son évolution sur terre battue et l'applique au gazon. Si tu lances l'échange, tu n'as pratiquement aucune chance de le gagner. »

Aussi, on ne pourrait dissocier la réussite du Majorquin sur gazon de son jeu de main remarquable.

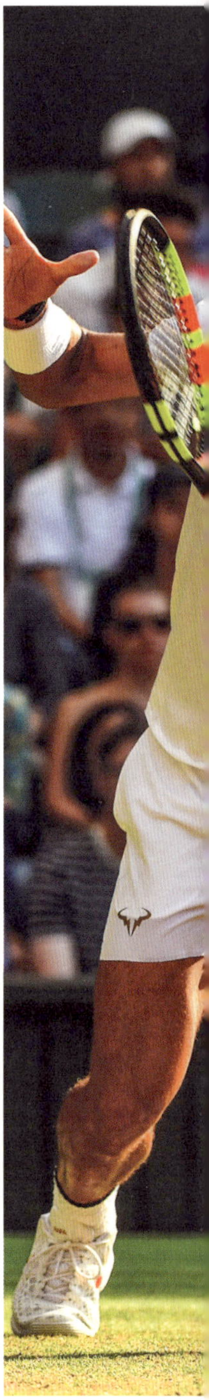

« Rafael Nadal cherche d'abord à être meilleur que lui-même. L'intention première est donc de progresser, pour ensuite aller combattre avec de nouvelles armes. »

« C'est vrai qu'on entend souvent les gens dire : Ah ! Roger Federer, quel tennis, quel toucher... Effectivement, c'est beaucoup plus beau que Rafael Nadal. Mais l'Espagnol a un toucher de balle magnifique. Quand vous voyez les amorties qu'il dépose, cela nécessite une main incroyable », remarque Emilie Loit.

« UN VOLLEYEUR SOUS-ESTIMÉ »

Contrairement aux joueurs qui ont marqué le tournoi de Wimbledon — Stefan Edberg, Boris Becker, Pete Sampras, Roger Federer à degré moindre — Rafael Nadal n'est pas vraiment ce que l'on appelle un attaquant naturel. Mais tous les observateurs sont unanimes : au fil des années, le joueur espagnol est devenu un volleyeur de tout premier plan.

« Il est très adroit au filet : chaque volée est très propre, très juste. Il touche bien la balle », dit Arnaud Di Pasquale.

Arnaud Clément, quart-de-finaliste à Wimbledon en 2008, s'attache à rétablir la vérité : « Il a toujours été un volleyeur sous-estimé. C'est vrai qu'il ne vient pas souvent au filet, mais dès qu'il en a besoin sur les points importants, il le fait toujours. Ce sont souvent des volées posées, maîtrisées et dans la bonne zone. Ce n'est pas anodin s'il a toujours été très solide en double. Il connaît le moment où il faut aller au filet, le moment où il peut encore attendre... Il est très juste dans ses montées. C'est très rare de le voir se faire prendre de ce côté-là. »

S'il est sorti vainqueur de leur unique affrontement à Wimbledon, en 2013, le Belge Steve Darcis a pu se rendre compte des nombreuses améliorations de Rafael Nadal dans ce secteur de jeu.

« Les gens ne se rendent pas compte qu'on ne voit jamais Rafael Nadal rater une volée. Jamais. Il a probablement l'une des meilleures volées du circuit. Si vous regardez bien, il ne fait pas de volées miracles, il vient au filet pour terminer les points, mais il n'en rate pas. Il a énormément progressé dans son jeu vers l'avant. »

Le Majorquin volleye bien et il monte au filet bien plus souvent qu'avant. Les chiffres parlent d'eux-mêmes : entre 2016 et 2022, l'Espagnol a gagné 16 % de l'ensemble de ses points à la volée, contre 8 % sur la période s'étalant de 2010 à 2015*. En 2019, lors de la finale de l'US Open contre Daniil Medvedev, il s'aventure soixante-six fois au filet (avec 77 % de réussite) et effectue vingt services-volées durant le match, dont dix-sept en marquant le point. Cette évolution n'est pas anodine : si elle confirme la qualité de volleyeur de Rafa, elle dit aussi sa volonté d'être plus agressif et d'écourter les échanges.

UN JEU DAVANTAGE PORTÉ VERS L'AVANT

Chassez de votre tête cette image de Rafa disputant des échanges interminables en début de carrière, usant ses adversaires jusqu'au dernier souffle pour s'offrir bien souvent une victoire à l'usure. Le circuit professionnel masculin a grandement évolué ces dernières années, et, désormais, l'Ibérique doit faire face à des athlètes toujours plus forts et plus puissants.

Prenez Alexander Zverev, Carlos Alcaraz ou Andrey Rublev, classés parmi les meilleurs joueurs au monde. Ce sont de remarquables tennismen, mais aussi des forces de la nature, des joueurs qui dégagent une puissance colossale sur chaque coup.

« L'une de ses grandes forces, c'est de s'être adapté à la vélocité du tennis actuel, explique Emilio Sanchez. Le fait que ses adversaires lui faisaient de plus en plus mal l'a poussé à opérer ces changements. »

« Lui qui jouait tellement loin du filet, il a développé cette capacité à jouer vers l'avant, analyse l'ancienne numéro un mondiale Justine Henin. C'est un domaine dans lequel il a beaucoup progressé. Cela signifie qu'il n'a pas seulement basé son jeu sur la puissance, mais aussi sur son intelligence pour se préserver, prolonger sa carrière et faire mal autrement. Le but n'est pas d'être sans cesse quatre mètres derrière la ligne de fond de court, comme on pouvait le voir au début de sa carrière sur terre battue. Pour moi, être agressif, c'est aller davantage au filet mais pas seulement.

C'est aussi être capable de varier son jeu, de jouer une amortie ou de changer complètement le rythme d'un échange. Cette évolution fait que, depuis quelques années, on ne peut pas analyser le tennis de Rafael Nadal en se focalisant sur une seule chose, mais en ayant une vue globale de son jeu. »

Le fait d'être plus agressif a aussi été dicté par un élément impitoyable : les années passent, et Rafael Nadal, au corps meurtri, ne peut plus se permettre de disputer des échanges interminables pendant quatre ou cinq heures de match.

« Il a été beaucoup blessé dans sa carrière, notamment aux genoux. Il y a eu des périodes où l'on se disait qu'il avait un peu perdu au niveau de sa couverture de terrain. Mais il a compensé avec des prises de balles beaucoup plus précoces qu'à l'époque, remarque Emilie Loit. En coup droit, sa balle tourne énormément, mais il est capable de la faire moins tourner pour qu'elle aille plus vite. »

UN SERVICE PLUS CONSISTANT

Toujours dans l'optique d'écourter les échanges et d'économiser de l'énergie, Rafael Nadal avait tout intérêt à se doter d'un service de qualité. Rafa est parti d'assez loin : rappelez-vous de ses mises en jeu lors de ses jeunes années. Elles n'étaient pas du même niveau que celles d'Andy Roddick ou de Roger Federer. À des années-lumière, selon Jofre Porta, qui partage une anecdote amusante à ce sujet.

« Lors d'un repas, Toni Nadal a dit : *Rafa continue à travailler son service, il est bien le seul à penser qu'il peut l'améliorer !* se souvient l'entraîneur majorquin. C'était dit sur le ton de la plaisanterie, mais il y avait une part de vérité. Il s'est entraîné à servir parce qu'il savait qu'il devait le faire. »

Arnaud Clément nous décrypte le service perfectible de Rafael Nadal. « Ce n'est pas un coup sur lequel il misait pour gagner des points. Il mettait la balle en jeu la majorité du temps sur le revers de son adversaire, pour

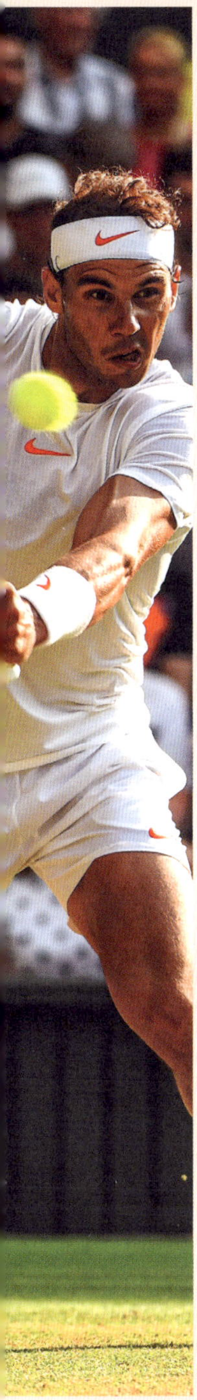

prendre le jeu à son compte sur son coup droit. Ces dernières années, il va chercher beaucoup plus l'ace ou le service gagnant sur sa première balle. Il appuie davantage ses deuxièmes services. D'une manière générale, il varie plus sur sa mise en jeu, histoire d'être moins prévisible pour ses adversaires. »

Ses progrès dans ce secteur sont criants dès l'édition 2010 de l'US Open. Conscient de ses lacunes sur dur et des exigences de cette surface, l'Espagnol prend la décision de procéder à des ajustements : il change de grip et la prise de sa raquette. Le résultat est couronné de succès : il gagne en puissance, réalisant un record de vitesse à... 217 km/h. Enfin, il s'adjuge le titre, en ne perdant son service qu'à deux reprises avant la finale du tournoi. Impensable quelques années en arrière. Ce surplus de puissance rend son service plus incisif. Lors de la période 2010-2015, le Majorquin réalise davantage d'aces : 28,7 % quand sa première balle passe contre 25,8 % entre 2005 et 2009[1].

« Je trouve qu'il a beaucoup progressé dans la variation des zones trouvées au service. Il ne sert pas forcément très fort, mais il est très précis, nuance Camille Pin. Cette amélioration lui a permis de gagner beaucoup de points faciles. Il a adapté son évolution à son jeu : ce sont des engagements avec pas mal d'effet et beaucoup de variations. Il s'est doté d'un service très efficace. »

En 2019, Rafael Nadal va encore plus loin dans l'exécution de ce coup si particulier du tennis, en décidant d'apporter de nouvelles modifications à son geste. L'Espagnol allège ses mouvements, plie moins les jambes et se place davantage face au filet. Le changement opéré produit ses effets, comme l'illustre sa balade de santé jusqu'en finale de l'Open d'Australie (six victoires, pas le moindre set perdu). Cette année-là, seuls quatre joueurs du Top 100 mondial ont remporté plus souvent leur service que l'Espagnol : John Isner, Milos Raonic, Roger Federer et Reilly Opelka, des références en la matière.

Malgré ces nettes améliorations dans ce secteur de jeu, le service n'est pas devenu le coup fort de Rafael Nadal. « Ça reste un coup qui manque de constance, dit le capitaine de l'Équipe de France de Coupe Davis,

BNP PARIBAS

adidas
HEAD

Sébastien Grosjean. À Madrid, en 2021, la qualité de son service a été très moyenne contre Alexander Zverev [l'Espagnol s'est incliné contre l'Allemand en quart de finale 6-4, 6-4] alors qu'il avait bien servi les mois précédant le tournoi. »

Il est indéniable que l'efficacité du service de Rafael Nadal peut être fluctuante. Qui dit plus de puissance dit prises de risques accrues. Entre 2016 et 2022, 8,9 % de ses deuxièmes balles terminaient sur une double faute. Ce chiffre était de 5 % sur la période 2010-2015[1].

UN REVERS PLUS IMPRESSIONNANT

On entend çà et là que Rafael Nadal se serait doté, ces dernières années, de deux coups droits : celui que l'on a suffisamment décrit dans cet ouvrage, et puis un autre, côté revers.

Émilie Loit a tendance à confirmer ce fantasme que doivent avoir bon nombre de tennismen. Elle se dit « complètement passionnée par son revers, quelle que soit la surface. Je trouve qu'il a depuis cinq ou six ans un revers qui est monstrueux. Il est illisible pour ses adversaires : tu le vois à l'entraînement, tu ne sais pas s'il va jouer croisé ou s'il va jouer long de ligne. Concrètement, il envoie une gifle en revers comme il le faisait avec son coup droit. Et maintenant, ses deux côtés sont super solides. »

Le revers de Rafael Nadal suit un peu la même évolution que son service. À l'origine, il s'agit d'un coup correct mais dont la marge de progression semble évidente. Encore une fois, le Majorquin a su apporter quelques corrections pour être plus solide de ce côté-là.

« En début de carrière, il prenait la balle descendante derrière sa ligne, et il cherchait à chaque fois une trajectoire bombée, détaille Camille Pin. Au fur et à mesure de sa carrière, il a changé le moment où il prend la balle : il s'est rapproché de sa ligne et a commencé à la prendre beaucoup plus tôt. Aujourd'hui, il a cette capacité à jouer en revers une balle montante alors qu'il en était incapable avant. C'est pour cette raison qu'il fait beaucoup

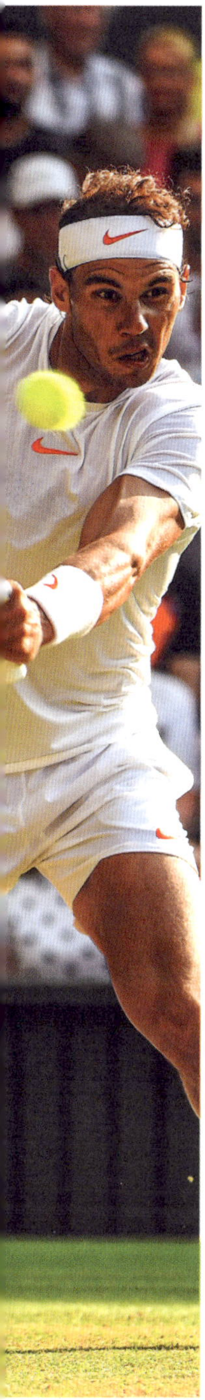

plus de coups gagnants en revers : il lifte moins la balle, il la prend plus tôt, ce qui lui permet de faire des revers long de ligne d'un peu plus près. Pour autant, ce coup n'est pas devenu son arme principale, son jeu tourne toujours autour de son coup droit. »

« Je trouve qu'il a depuis cinq ou six ans un revers qui est monstrueux. Il est illisible pour ses adversaires. »

Il est intéressant de constater qu'entre 2016 et 2022, l'Espagnol a réalisé 25 % de points de plus en revers (coups gagnants et fautes provoquées), par rapport à la période allant de 2010 à 2015. Mais les apparences sont parfois trompeuses : entre 2005 et 2009, Rafa faisait autant de points sur ce coup que lors des dernières années[1].

« Il est non seulement capable de défendre avec son revers, mais il peut aussi contre-attaquer, voire conclure l'échange en venant couper la trajectoire, explique Thierry Champion, adepte pour sa part du revers à une main quand il était joueur. Il peut gagner un peu d'espace sur le terrain en le jouant plus tôt, frapper très fort dans la diagonale ou le frapper long de ligne. Ce sont des coups qu'il ne faisait pas à ses débuts. »

Pendant plusieurs années, la tactique adoptée par les adversaires de l'Espagnol ne brillait pas par son originalité : il s'agissait de pilonner le revers de Rafa, le sortir du court afin de s'offrir de l'espace sur son côté coup droit. Vous devinez la suite ? Il a rendu son revers plus menaçant pour ses opposants.

---

[1] Selon les statistiques compilées par Fabrice Sbarro, statisticien et expert data.

« Quand tu l'attaques sur son revers, il est capable de contre-attaquer sans perdre de temps parce qu'il le joue quasiment en appui ouvert : au lieu de mettre sa jambe gauche devant, il va placer sa jambe droite en jambe d'appui pour avoir de la stabilité et frapper très fort. Ça lui permet de ne pas perdre de temps et de repartir très vite vers le centre du terrain », décrypte Thierry Champion.

« Si on regarde bien, Roger Federer a perdu quatre finales de Roland-Garros parce qu'il attaquait tout le temps sur le revers de Rafa ! Lors de la finale de l'Open d'Australie, en 2017, le Suisse a davantage joué sur son coup droit. Et il a gagné le match » rappelle Emilio Sanchez.

Rafael Nadal a la capacité de jouer un revers de deux manières : en le frappant à deux mains ou en slice. Ce shop de revers est un coup « qu'il sent comme jamais, affirme le Français Pierre-Hugues Herbert, défait par Rafa au tournoi de Bâle, en 2014. C'est un coup qui lui permet de mettre de la variation dans son jeu. On ne s'en rend pas compte, parce que quand on évoque le jeu de Rafael Nadal, on pense avant tout à son coup droit et à sa force de frappe. Mais c'est oublier qu'il a nettement amélioré son shop de revers. Je suis persuadé que ce coup-là n'était pas aussi performant en début de carrière. »

Aujourd'hui, ce fameux revers slicé est un coup que le Majorquin utilise énormément. Il l'a intégré à son jeu, et c'est une grosse évolution par rapport à son début de carrière. Il n'y a qu'à voir la première partie de la finale de l'Open d'Australie 2022, face à Daniil Medvedev, pour se rendre compte de cette nouvelle corde ajoutée à son arc.

Arnaud Di Pasquale explique : « Quand tu possèdes des coups aussi forts que les siens, tu dois aussi casser le rythme pour obtenir une balle un peu plus haute. Si tu développes un excellent slice, tu contrains ton adversaire à relever la balle et à la passer largement au-dessus du filet. Ça permet à Rafael Nadal de jouer une balle un peu plus haute, et quand l'Espagnol la prend entre la hanche et l'épaule, ça peut faire des dégâts. »

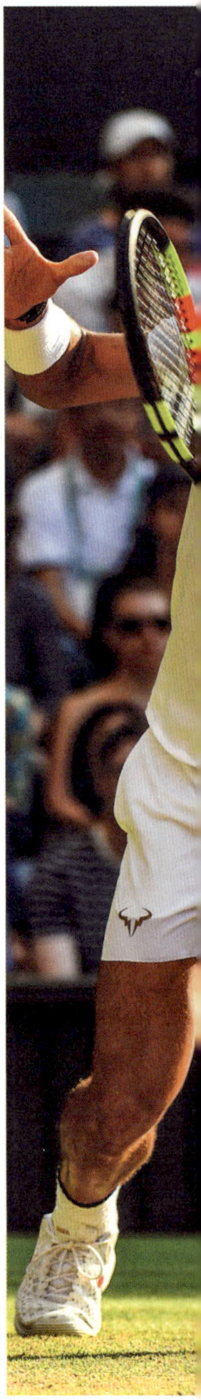

« Il est celui qui a dû
le plus faire évoluer
son jeu. En quelque sorte,
Rafael Nadal est le joueur
qui a le plus avancé
au cours de sa carrière. »

L'INTELLIGENCE TACTIQUE

Il y a aussi cette intelligence tactique, développée avec l'âge par Rafa ; l'expression d'une forme de maturité tennistique qui invite le champion à revoir certains aspects de son jeu, et ce même pendant une rencontre.

« Quand tu es malmené au cours d'un match, tu reviens souvent à ce que tu sais faire de mieux, dit Arnaud Di Pasquale. Rafa n'a pas ce mode de pensée. Son intelligence est hors du commun. Il n'est pas le genre de joueur qui croit qu'il n'y a qu'un chemin qui mène à la victoire. Il sait qu'à certains moments, il se heurte à un mur qui l'empêche de passer. Il faut donc passer au-dessus ou le contourner, trouver des solutions. Tout cela lui permet d'avoir beaucoup plus de cartes en main pour pouvoir répondre à tous ses adversaires. Il a développé les réponses et les parades. C'est fou. En cela, il s'oppose à beaucoup de joueurs qui sont restés ancrés dans leurs habitudes, en pensant que cela suffit. Mais ça ne suffit jamais. »

La demi-finale de l'US Open, en 2017, face à Juan Martin Del Potro, est un exemple criant. Surclassé 6-2 dans le premier set, le tennisman ibérique procède à un changement tactique. Il délaisse sa stratégie initiale, qui consiste à jouer sur le revers de son adversaire. Dès le début du deuxième set, le Majorquin joue beaucoup plus sur le coup droit de l'Argentin, ce qui perturbe grandement ce dernier. En devenant moins prévisible, en obligeant Juan Martin Del Potro à jouer beaucoup plus de revers en mouvement, Rafa a changé le cours du match. Et gagne la partie en quatre sets après une adaptation tactique digne d'un joueur d'échecs.

La façon avec laquelle il renverse Daniil Medvedev, en finale de l'Open d'Australie en 2022, est aussi la conséquence d'une sacrée remise en question, une réflexion d'autant plus remarquable que le double vainqueur du tournoi disputait là un match pour l'histoire.

« On voit qu'il a du mal à mettre son plan de jeu en place du fond du court. Il n'est pas assez agressif, se fait contrer. Il ne sert pas très bien

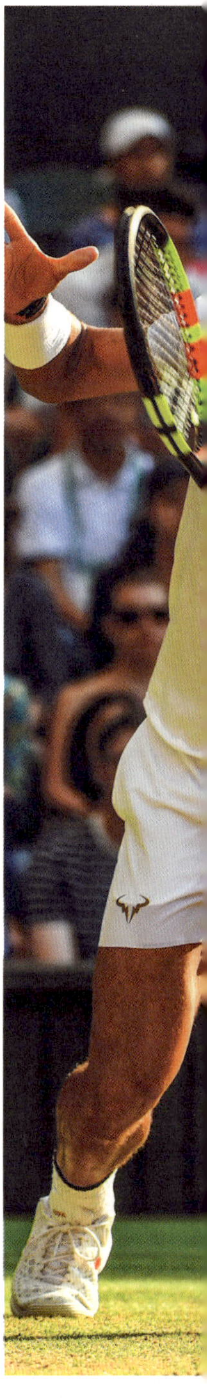

non plus, détaille Florent Serra. Après la perte des deux premiers sets, il essaie d'être plus agressif. Il vient beaucoup plus au filet, il rentre dans des filières de jeu plus courtes en faisant plus mal dès le deuxième coup de raquette, ce qu'il n'arrivait pas à faire jusque-là. Son jeu s'accélère, donc son jeu de jambes s'accélère aussi. Il se rapproche davantage de sa ligne, donc il laisse moins de temps à Daniil Medvedev. C'est de cette manière que le match a basculé. »

« LE JOUEUR QUI A LE PLUS AVANCÉ »

Ces multiples changements effectués par le champion majorquin font de lui, aujourd'hui, l'un des joueurs les plus complets de l'histoire de ce sport.

« Si tu l'agresses sur son revers, il contre-attaque. Si tu l'attires au filet, il peut glisser une balle vicieuse. Si tu lui laisses de l'espace, il peut réaliser un passing. Si tu es proche du filet, il te lobe… » Arrêtez-vous là, Emilio Sanchez ! Vous risquez d'écœurer ses futurs adversaires.

Rafa serait ainsi, selon Arnaud Di Pasquale « plus impressionnant que Roger Federer et Novak Djokovic. On ne s'attendait pas à ce qu'il puisse en faire autant que ses deux rivaux. Il est celui qui a dû le plus faire évoluer son jeu. En quelque sorte, Rafael Nadal est le joueur qui a le plus avancé au cours de sa carrière. »

L'Espagnol a réussi un coup de maître : à force d'avoir sans cesse modifié des aspects de son tennis, de s'être adapté à toutes les situations inimaginables, c'est lui qui, aujourd'hui, sème le trouble chez ses adversaires.

« Plus je vieillis, plus je prends du plaisir à le voir jouer, disait Mats Wilander, au lendemain du quatorzième sacre de Rafa à Roland-Garros. On voit qu'il fait davantage confiance à ses variations que lorsqu'il avait 22 ou 23 ans. Je trouve son tennis plus amusant que celui de Roger ou de Novak. Maintenant, il crée de l'incertitude : que va-t-il-faire sur le coup suivant ? C'est comme regarder Federer quand il était à son top. Je n'ai plus envie de commenter ses matchs. J'ai juste envie de le regarder jouer. »

Babolat

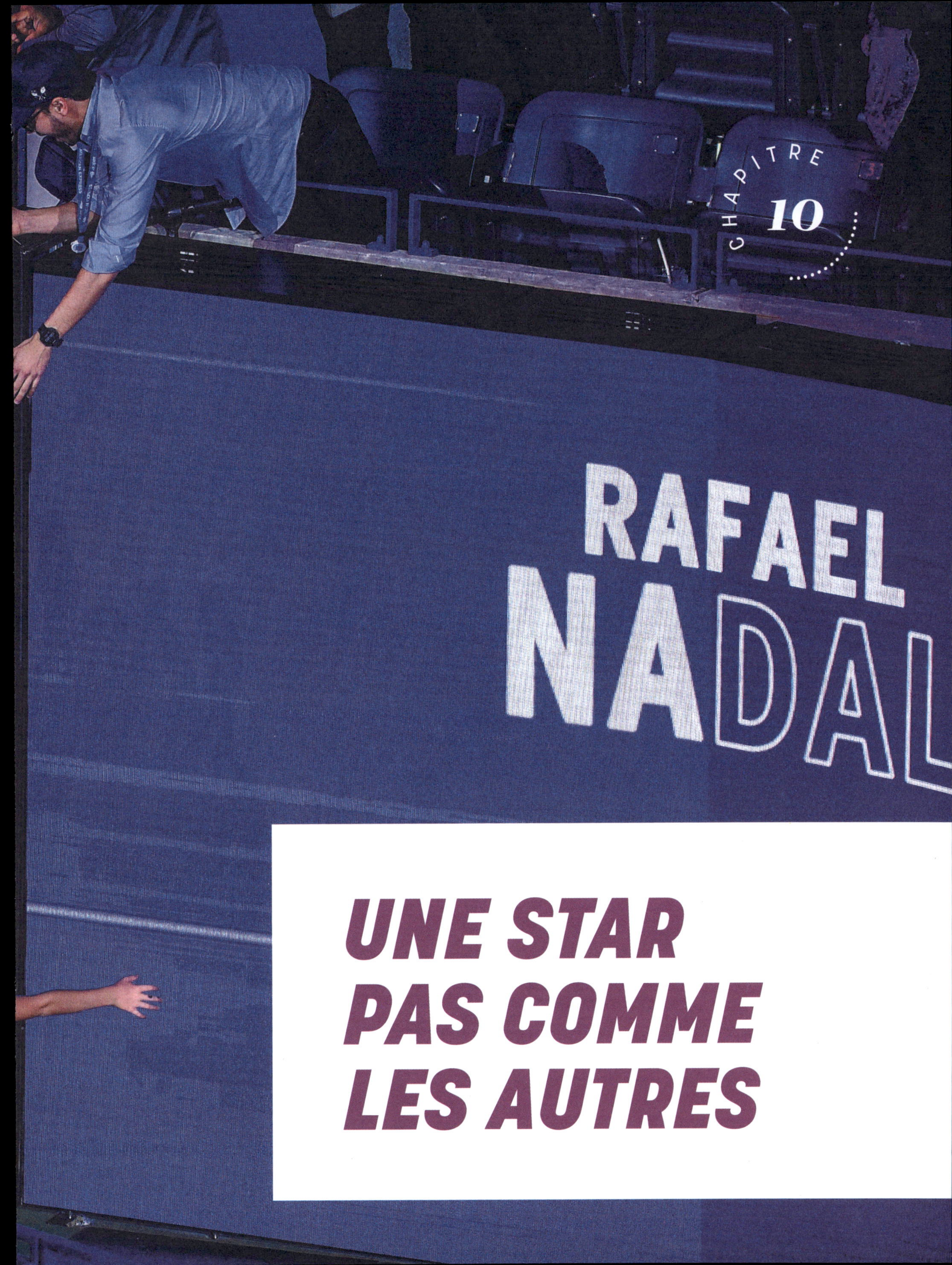

CHAPITRE 10

UNE STAR PAS COMME LES AUTRES

On a coutume de dire que les stars sont inaccessibles, inabordables, qu'elles vivent dans un autre monde et que leur intérêt porté aux autres est très aléatoire.
De l'avis du plus grand nombre, le Majorquin est un champion atypique, à mille lieues de prendre les pauvres humains que nous sommes (sic) de haut.

« C'est un super gars. Je l'ai souvent vu jouer aux jeux vidéo quand il était plus jeune. Rafael Nadal est un monstre de son sport, il a gagné quatorze fois Roland-Garros, mais c'est le mec le plus normal que l'on puisse rencontrer. Ce décalage est saisissant » raconte Camille Pin, ancienne joueuse professionnelle dont la carrière a pris fin en 2010.

L'ancien préparateur physique de Roger Federer, Paul Dorochenko, a côtoyé le champion espagnol et son clan à de nombreuses reprises. Il évoque « un mec nature. Il est comme il est. Il ne va pas faire beaucoup d'efforts pour échanger, pour s'adapter à la situation. On l'aime ou on ne l'aime pas, mais c'est quelqu'un de naturel. C'est un garçon qui vient des îles, et la plupart des gens qui viennent des îles ont les pieds sur terre. Ce sont des personnes réfléchies, prudentes. Je ne l'imagine pas balancer son argent par les fenêtres, il a l'air de bien gérer son équipe... C'est aussi un garçon qui a un sacré caractère. Quand il défend ses idées, il peut s'énerver ! Mais c'est un mec sain ».

« Il est dans la lignée de plusieurs joueurs espagnols, tels que Carlos Moya, Alex Corretja ou Juan Carlos Ferrero » remarque Florent Serra, qui a fréquenté Rafa sur le circuit entre 2001 et 2015.

HUMAIN PARMI LES HUMAINS

Durant son parcours de joueuse, puis de consultante pour différents médias, Émilie Loit a eu la chance de croiser Rafael Nadal à plusieurs reprises. Les souvenirs remontent vite à la surface.

« Quand il te voit, il te dit bonjour et parfois te claque la bise, alors qu'on ne se connaît pas plus que cela. C'est une facette de sa personne qui est assez marquante. Les rares fois où j'ai eu à lui demander des photos pour des gens qui l'apprécient, il l'a toujours fait avec le sourire. Ce que j'aime chez lui, c'est qu'il est professionnel, sympathique. On sent qu'il a un bon fond et qu'il aime les gens. Je ne perçois pas une image montée de toutes pièces pour plaire au public. Lorsqu'au tournoi de Bercy, en 2019, il met *Ici c'est Paris* (*slogan du club de football du Paris Saint-Germain*) sur les réseaux sociaux, ça ne ressemble pas à du marketing ou de la communication. Je pense qu'il le fait parce que ça lui fait plaisir, tout simplement. »

C'est le mec le plus normal que l'on puisse rencontrer. »

Dans son costume de journaliste à *L'Équipe*, Julien Reboullet a eu la chance de nouer un lien privilégié avec le champion et son clan (grrr). Rien de plus normal, le quotidien sportif, qui traite de l'actualité tennistique depuis de longues décennies, jouit d'une image positive dans l'entourage de l'Espagnol. « Cela permet d'avoir une sorte de respect professionnel de sa part, pour le boulot que l'on fait sur l'année » explique le reporter. Un samedi de novembre 2003, ce dernier part à la rencontre de celui qui n'est encore qu'un jeune joueur prometteur. Il passe une journée à rendre jaloux n'importe quel fan de Rafa : après avoir assisté à son entraînement à Palma de Majorque, il est invité dans l'appartement familial où il regarde avec la future star le match entre l'Espagne et la Norvège, qualificatif pour l'Euro 2004 de football. Pendant la rencontre, le jeune Espagnol dévore à lui tout seul une boîte de chocolats. En toute décontraction. « C'est un privilège d'avoir eu ce premier contact. Par la chance de couvrir le tennis à *L'Équipe* et de beaucoup voyager, le lien a été maintenu en dix-huit ans. Il y a eu presque chaque année une interview à un moment donné avec Rafa. »

Ces échanges réguliers permettent de constater que les succès, la reconnaissance et la célébrité n'ont pas eu d'impact sur sa personne.

« Le respect de la personne humaine est une notion très ancrée chez lui, affirme le journaliste. On voit très bien dans ce milieu-là que les gens ne parlent pas de la même façon selon qu'ils vont s'adresser à quelqu'un d'important ou à un ramasseur de balles. Chez lui, il y a quelque chose d'universel. Il dit bonjour aux gens de la même façon qu'il y a vingt ans, indépendamment de qui ils sont et de ce qu'ils font. »

Le journaliste Frédéric Viard couvre le tennis depuis près de trente ans à la télévision. Il est loin d'être un proche de Rafael Nadal, mais quelques interviews réalisées avec la star espagnole ont suffi pour faire tomber la barrière : « Un jour, à Wimbledon, en 2019, je vois Rafael Nadal regagner les vestiaires en marchant, seul. Je me trouve devant l'entrée des journalistes, à cinq mètres de lui. Je le vois passer et je l'interpelle : *Hola Rafa !* Il répond gentiment, tourne la tête et se rend compte que c'est moi. Et là, il me demande comment je vais. Je lui réponds : *Muy bien !* Ma réponse le fait sourire et il s'en va tranquillement. C'est toujours flatteur de voir qu'il sait qui je suis et que je fais partie de la famille du tennis. Franchement, j'aurais trouvé ça normal qu'il fasse un signe de tête et qu'il poursuive son chemin. Mais il a l'air d'être une personne naturellement gentille. »

Décidément, il n'y a pas que sur les courts de tennis que le Majorquin peut surprendre.

« Une année, au tournoi d'Indian Wells, alors qu'il fait déjà partie des tout meilleurs joueurs mondiaux, il arrive accompagné de quatre personnes de son équipe au restaurant mis à disposition par les organisateurs, se souvient Julien Reboullet. Il n'y avait que quatre chaises. Sans broncher, c'est lui qui a traversé le restaurant pour aller en chercher une cinquième. Il y a plein de joueurs bien moins forts que lui qui n'auraient pas fait cet effort pour quelqu'un d'autre. C'est un exemple qui peut sembler anodin, mais qui en dit beaucoup sur la personne qu'il est. »

« Francisco Roig, son deuxième entraîneur, m'a affirmé que c'était incroyable d'avoir un joueur comme ça, raconte l'ancien joueur Rodolphe

« Rafael Nadal écrit l'histoire de ce sport, mais lui n'est pas dépassé par ce statut du gars au-dessus du commun des mortels. »

Gilbert. Il me disait que Rafael Nadal s'excusait presque de lui demander d'amener les raquettes chez le cordeur. Le gars ne considère pas les gens avec lesquels il travaille comme des porteurs de sacs. »

Autre scène étonnante, contée par Frédéric Verdier. Nous sommes quelques heures après la finale perdue par Rafael Nadal à l'Open d'Australie, en 2012. Le commentateur sportif l'aperçoit alors à l'aéroport de Melbourne. « Comme tous les joueurs, il ne pouvait enregistrer son énorme housse de raquettes en soute. Il l'a donc gardée avec lui. Il avait beau être accompagné de son père, Sebastian, et de ses oncles, Toni et Miguel Angel, c'est lui, alors qu'il venait de jouer un match de presque six heures, qui a porté ses raquettes. Sans être aidé le moins du monde ! Ça en dit long sur le personnage. »

UN PRINCE À PARIS

À Roland-Garros, au-delà de sa collection impressionnante de trophées, le maître des lieux a d'ores et déjà laissé un souvenir impérissable.
Il y a ces détours pour aller saluer certains joueurs, certaines joueuses, ces moments où il fait la bise à des personnes travaillant pour la Fédération française de tennis. Il y a aussi ces scènes de joie partagées à plusieurs. « Il est toujours aussi fantastique de le voir, alors qu'il vient de remporter le tournoi, remercier ramasseurs de balles, personnes de la sécurité, employés qui s'occupent de la logistique du tournoi, toutes ces personnes de l'ombre raconte Émilie Loit. Rafael Nadal pourrait se dire : *J'ai gagné, je suis au-dessus de tout le monde, c'est grâce à moi si vous êtes là et que le tournoi existe*. Il pourrait partir dans ce genre de délires... Quand il reçoit un gâteau d'anniversaire, chaque année, à Roland-Garros, c'est quelque chose qui est susceptible d'être pénible pour un joueur de tennis, mais on sent qu'il l'accepte avec sympathie. Il a écrit une partie de l'histoire du tournoi et on voit que ça lui fait plaisir. »

Simplicité et authenticité, donc. Mais aussi un peu plus que cela. Comme ce vingt-sept mai 2016, où, effondré au moment d'annoncer son forfait devant les journalistes, il en oublie de remercier tout le monde, avant de

With you

s'en rendre compte, de ressortir de sa voiture pour aller corriger cette anomalie. Les membres de l'organisation étaient alors en pleurs, et c'est Nadal lui-même qui s'est chargé de les consoler.

Gaston Cloupe a été responsable de l'entretien des courts à la Fédération française de tennis entre 1990 et 2010. Il n'a que de bons souvenirs qui lui reviennent quand il pense à Rafael Nadal. « Un jour, un collègue m'appelle et me dit qu'il y a une fille handicapée qui aimerait beaucoup aller à Roland-Garros. Je lui réponds que je vais me renseigner, raconte-t-il. Je vois alors l'un des responsables qui me dit : *Gaston, cela fait vingt ans qu'on travaille ensemble et tu ne m'as jamais rien demandé, donc on va inviter cette jeune fille pour deux jours.* Cette dernière arrive un matin, elle était là une heure avant l'ouverture des portes ! Je vais la chercher et elle me confie qu'elle adorerait voir Rafael Nadal... Je lui dis : *Tu as de la chance ! Il est en train de s'entraîner sur le court Suzanne Lenglen.* Je l'accompagne avec son père sur le lieu d'entraînement de l'Espagnol. Elle s'installe sur le court, je la regarde et réalise qu'elle a fait des kilomètres pour vivre ce moment exceptionnel. Je décide alors de demander à Toni Nadal si Rafa peut lui signer un autographe ou faire un geste. Il me répond que son joueur le fera avec plaisir. À la fin de son entraînement, je vois Rafael Nadal partir avec ses affaires sur l'épaule et je me dis qu'il a oublié de venir voir la fille. Tout d'un coup, il pose son sac et va vers elle. Il la prend par l'épaule, lui demande son nom et lui signe un autographe. Il s'est baissé pour que son père puisse prendre une photo. J'ai vu les yeux de cette gamine s'illuminer. Cela me donne encore la chair de poule quand je repense à cette scène. Rafael Nadal savait qu'il lui offrait un moment exceptionnel. Et là où certains vont faire une photo en quelques secondes, lui a vraiment pris son temps. C'est un geste qui m'a beaucoup marqué parce que j'ai vu des larmes dans les yeux de cette jeune fille. »

L'ancien capitaine de l'équipe de France de Coupe Davis, Jean-Paul Loth, partage aussi cette belle histoire, dans les coursives de Roland-Garros, « où ne voyant pas dans le vestiaire la *dame pipi* qu'il avait l'habitude de retrouver, il demande à l'organisation où elle se trouve. On lui apprend alors qu'elle a subi une opération et qu'elle est à l'hôpital. L'Espagnol prend des nouvelles, on lui répond qu'elle va bien. Dès lors, il se renseigne discrètement pour savoir où elle se trouve, et le soir même, après

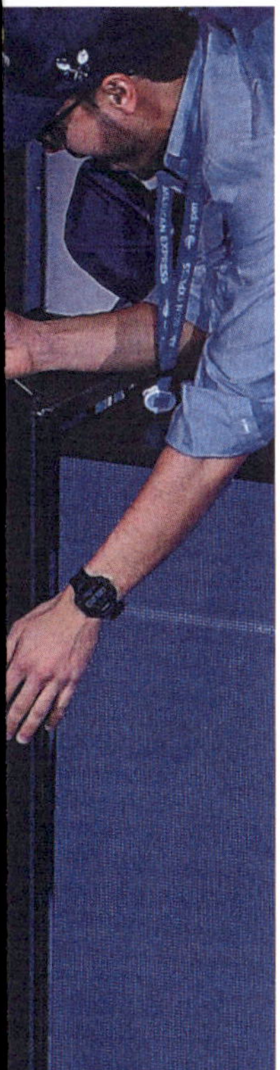

son match, il lui rend visite avec un bouquet de fleurs sans rien dire à personne. Il a ce rapport particulier avec les gens modestes. Quand vous entendez cela, il n'y a rien à rajouter ». Non, en effet.

UNE INCONGRUITÉ SUR LE CIRCUIT

Par sa simplicité et sa disponibilité, l'Espagnol détonne dans le microcosme du tennis.

« Roger Federer, Rafael Nadal et Novak Djokovic ont tous une fondation, et c'est génial évidemment, mais c'est moins marquant que les gestes qui ne sont pas faits pour être vus, dit Julien Reboullet. Roger Federer est quelqu'un de vraiment cool, mais je pense qu'il a plus de mal à être naturel dans le contexte officiel d'un tournoi. Comme le Suisse, Rafael Nadal écrit l'histoire de ce sport, mais lui n'est pas dépassé par ce statut du gars au-dessus du commun des mortels. Malgré les demandes médiatiques qui se sont décuplées, malgré le palmarès qui s'est enrichi, il a toujours cette simplicité en lui. »

L'ancien entraîneur de tennis Jean-Bernard Fabre ajoute : « Roger Federer et Serena Williams cultivaient une sorte de mythe autour d'eux. Tu ne pouvais pas les approcher, tu ne les voyais que sur les courts, et cela contribuait à leur starification en quelque sorte. Ils ont beaucoup joué de ça, et je pense que c'est très psychologique. Rafael Nadal, tu pouvais le croiser n'importe où, il était bien plus accessible. »

Quand on s'intéresse un peu plus à la personnalité du Majorquin, on se rend compte que le champion aime plus que tout les relations humaines. Interrogé par le quotidien espagnol *Marca*, en plein cœur de la crise sanitaire du Covid-19, Rafael Nadal dévoilait une facette pas si connue de sa personnalité : « Ce qui me manque le plus, c'est le contact avec les gens, ça me manque plus que de jouer au tennis. Je pense que j'ai intériorisé le problème et comme je ne vois pas de solution rapide, je n'ai pas l'esprit à la compétition. Actuellement, mon souhait, c'est de voir ma famille et mes amis. Faire la fête, aller à la mer, nager, avoir la sensation d'être libre. Avoir la possibilité de serrer quelqu'un dans mes bras. Je suis très affectueux donc il va y avoir un problème quand on va se retrouver. Ce sera notre vie d'avant contre celle qu'il va falloir suivre si nous voulons trouver une solution. Je ne peux pas imaginer un monde dans lequel je ne pourrais pas serrer dans mes bras quelqu'un du circuit que je n'ai pas vu depuis plusieurs mois. » Clairvoyant et attachant, le Rafa.

Comme le souligne l'ancien joueur français Jean-François Bachelot, « ce qu'il y a d'intéressant et de paradoxal chez lui, c'est qu'il possède une force de caractère et une détermination hors norme, et en même temps, il a un état d'esprit résolument humain. C'est assez saisissant à chaque fin de match : il est le joueur que l'on connaît quand il rentre sur le court et il redevient une personne normale dès que la balle de match est terminée, avec cette bienveillance et cette gentillesse qui le caractérisent ».

Ce respect et cet intérêt pour autrui se traduisent également par une attitude irréprochable à l'encontre de ses adversaires, pourtant victimes régulières de l'Espagnol.

Durant sa carrière professionnelle, de 1999 à 2017, Paul-Henri Mathieu a affronté à dix reprises l'ogre majorquin. Il l'a donc souvent croisé dans les couloirs des tournois. « C'en est presque étonnant, vu son palmarès et sa notoriété, mais il ne fait aucune différenciation dans le vestiaire, précise celui que l'on surnomme PHM. Rafael Nadal a la même considération pour chaque joueur, qu'il soit dixième ou deux-centième mondial. Il salue tout le monde, et ne montre en aucun cas qu'il est quelqu'un de différent. » Steve Darcis, vainqueur surprise de Rafael Nadal à Wimbledon en 2013, se souvient encore de l'élégance de l'Espagnol : « Le jour où je l'ai battu, il n'a pas cherché d'excuses, raconte l'ancien joueur belge. Il m'a dit que j'avais fait un grand match, même si je savais que lui n'avait pas été à cent pour cent. Il a été super correct avec moi, me disant que j'avais très bien joué, que je méritais la victoire et, parfois, ça fait du bien d'entendre cela. D'une manière générale, il n'a pas un mot plus haut que l'autre, il ne dénigre jamais les gens. Il ne dit jamais qu'un joueur est mauvais, même s'il l'a surclassé. »

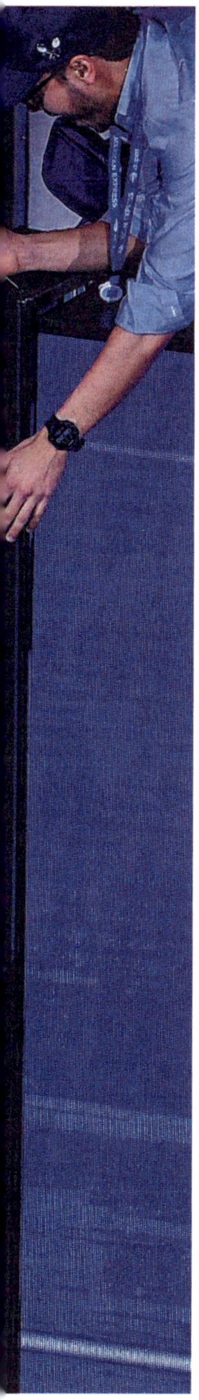

Si cette humilité est unanimement reconnue, elle est doublée d'une discrétion qu'il s'attache à entretenir.

« Ce n'est pas quelqu'un de timide mais il est réservé, nous apprend Julien Reboullet. Même si je pense qu'il se débride un peu avec ses amis à Manacor ! Un jour, nous sommes allés le voir dans sa ville. Il est arrivé dans une belle voiture, une Aston Martin grise très classe. Notre photographe a alors commencé à faire des clichés dans le cadre de notre reportage et là, Rafael Nadal vient nous voir et nous dit : *Salut les gars ! Content de vous voir. Juste une chose... Est-ce que vous pensez que ce serait possible de ne pas diffuser de photos de moi dans la voiture ou en train de sortir de la voiture ? À Majorque, il y a plein de gens qui ont du mal à boucler les fins de mois. Alors oui, moi, j'ai cette voiture-là, je roule avec, mais ce n'est pas une image de moi que j'ai envie qu'on voie trop.* Ses propos étaient très courtois. De la même manière, il n'aime pas trop qu'on le voie dans le bateau qu'il s'est acheté il y a quelques années. Rafael Nadal ne va évidemment pas vivre en dessous de son seuil de revenus et il profite de ce dont il peut profiter, mais il fait très attention à ne pas renvoyer une image faussée de lui. »

SALUÉ ET APPRÉCIÉ

Le fait est qu'aujourd'hui, Rafael Nadal a acquis un capital sympathie indéniable. Ce n'était pas gagné d'avance. En France, l'image qu'il a longtemps renvoyée, celle d'un colosse surpuissant qui ridiculise ses adversaires, ne faisait pas franchement l'unanimité. De plus, l'Espagnol souffrait de la comparaison avec Roger Federer, longtemps intouchable dans le cœur des fans. Mais comme dans la vie, il faut parfois du temps pour mieux connaître les gens.

Frédéric Viard reconnaît volontiers s'être trompé à son sujet. « Je voyais de l'arrogance chez Rafael Nadal quand il est arrivé sur le circuit. C'était une erreur. Je me suis rendu compte que ce que je prenais pour de l'arrogance était de l'humilité. Lors de la finale de Roland-Garros en 2008 (*un match à sens unique remporté 6-1, 6-3, 6-0 par l'Espagnol*), un journaliste va interviewer Toni Nadal. On sent que ce dernier est heureux pour Rafa, mais aussi terriblement gêné que Roger Federer prenne une raclée. À ce moment-là, je me suis dit que ce clan espagnol était hors norme… Tu sens qu'il y a beaucoup de respect. Ils étaient contents de battre le Suisse, mais ils ont aussi beaucoup d'estime pour le champion qu'il est. Après ce match, j'ai porté sur Rafael Nadal et toute son équipe un tout autre regard. »

L'ancien arbitre français Pascal Maria est un privilégié. Il a arbitré trois des premières victoires de l'Espagnol en Grand Chelem : à Roland-Garros, à Wimbledon et à l'Open d'Australie. C'est également lui qui officiait lors de la *décima* de Rafa à Roland-Garros, en 2017. « En France, on a tendance à préférer les jeunes qui arrivent et qui bousculent la hiérarchie. On a plus de mal avec quelqu'un qui gagne trop, comme a pu le faire Rafael Nadal à Roland-Garros. En réalité, on aime le changement, mais force est de reconnaître que l'homme est désormais aimé, apprécié et tout le mérite lui revient. Vous êtes obligé d'être touché par ce personnage, pour ses différents exploits et ses grandes qualités humaines… J'ai été un témoin privilégié de son ascension et elle est juste incroyable. »

Avec ses yeux d'admiratrice de Rafa, la joueuse française Alizé Cornet n'a toujours pas trouvé une chose négative à dire sur le Taureau de Manacor. Elle estime que « l'on n'a jamais vu un joueur pareil, avec autant d'humilité et autant de charisme. Souvent les joueurs humbles ont tendance à être un peu renfermés, mais lui, il a cette attitude de toréador sur le court, il a un charisme fou sans trop en faire. C'est ça qui est incroyable : cette personnalité hors norme qu'il a. Depuis quelques années, il arrive à rallier le public avec lui, de par sa combativité, son comportement et sa résilience ».

Il n'y a qu'à voir l'attitude du public lors de la finale de l'Open d'Australie en 2022 pour se rendre compte que plus les années passent, plus Rafa recueille un nombre de suffrages important. Son adversaire à Melbourne, Daniil Medvedev, s'en souvient encore : ses doubles fautes étaient chaleureusement applaudies par la foule en délire.
« Pourquoi Rafael Nadal est plus aimé que Novak Djokovic ? À un moment donné, les spectateurs du monde entier sentent bien que l'Espagnol est plus authentique que le Serbe. Djokovic aimerait être aimé et il ne l'est pas. Nadal, lui, n'a pas forcément envie d'être aimé, mais il l'est », dit sobrement Jean-Paul Loth.

« TU N'ES QU'UN JOUEUR DE TENNIS ! »

Comment peut-on afficher cette simplicité lorsque les caméras se braquent sur vous à longueur d'année ? Comment rester le même alors que tant de champions prennent la grosse tête ? « C'est son éducation » souffle Émilie Loit. Dans le cocon familial de l'Espagnol, il semble en effet que le concept de starification soit une notion très obscure.

« Après sa première victoire à Roland-Garros, en 2005, Rafael Nadal va se promener sur les Champs Élysées avec son agent, Carlos Costa, et son oncle, Toni Nadal, raconte Frédéric Verdier. Ce dernier s'aperçoit que Rafa est au centre. Tout d'un coup, il s'arrête net et s'exclame : *On s'arrête ! On change : Carlos, tu passes au centre, et Rafa, tu te mets à droite. Je n'ai pas envie que les gens qui te reconnaissent dans la rue et qui vont te croiser pensent que nous sommes tes gardes du corps et que tu es une personne si importante que tu dois être protégé. Tu n'es qu'un joueur de tennis qui tape dans la balle !* Rafael Nadal a acquiescé, et il est passé sur la droite de son agent… »

Une drôle de scène qui mérite bien un éclairage.
« Son oncle et son père ne l'ont jamais considéré comme un génie, estime le journaliste. Je suis persuadé qu'ils ne l'ont jamais encensé au point de lui dire qu'il est une personne spéciale dans la famille. Dans le tennis ou dans le football, il y a des tas de familles qui fonctionnent différemment, voyant aussi l'attrait financier qu'il y a derrière l'ascension sportive d'un jeune adolescent. C'est là que s'opère l'inversion dans la cellule familiale : c'est le jeune garçon de seize ans qui devient le chef du clan, parce qu'il gagne plus d'argent de très loin et qu'il se rend bien compte que le regard de ses proches a changé sur lui. Je pense qu'au sein de la famille Nadal, jamais le père de Rafael, Sebastian, ou son oncle, Toni, n'ont demandé l'avis de Rafa pour le changement de papier peint dans la maison familiale ! Il n'y a pas eu de renversement d'autorité. »

« Le credo de Toni Nadal, c'est un peu : *Il faut garder les pieds sur terre*, explique Isabelle Musi, une journaliste suisse qui entretient une bonne relation avec l'oncle du champion depuis de longues années. C'est quelqu'un de très chaleureux, qui répète qu'il est une personne comme les autres. Il fait partie de ces gens qui vont voyager en classe économique. Ce n'est pas pour rien qu'il ne se faisait pas payer par Rafael Nadal, parce qu'il ne voulait pas que cela ait une influence dans leur relation. En revanche, il se montre hyper exigeant. »

Dans la biographie du joueur espagnol, *Rafa*, l'ancien entraîneur du Majorquin affirme : « Ce qui serait inacceptable est que celui qui a tout puisse se conduire grossièrement avec les autres. Non, plus vous êtes haut, plus vous devez traiter les autres avec respect. Je dis toujours, et ses parents disent de même, qu'il est plus important d'être une bonne personne qu'un bon joueur de tennis. »

Il doit être fier, Toni Nadal. En 2019, après s'être vu décerner le *Stefan Edberg Sportmanship Award*, qui récompense le joueur affichant le meilleur esprit sur les courts, l'Espagnol a rappelé qu'il avait manifestement intégré toutes les valeurs que son entourage lui a inculquées.

« Cela signifie beaucoup, bien sûr, de gagner des matchs et des titres. C'est important, mais comme je l'ai dit tout au long de ma carrière, quand la presse me demande parfois comment j'aimerais qu'on se souvienne de moi, j'aimerais qu'on se souvienne de moi comme d'une bonne personne, plutôt que comme un bon joueur de tennis, déclarait Rafa. J'ai travaillé dur toute ma carrière de tennis pour garder le contrôle de moi, avec la bonne attitude à chaque instant et en me battant jusqu'au bout, et je respecte aussi chaque adversaire. »

Pour la petite histoire, l'Espagnol a remporté à cinq reprises ce trophée honorifique... C'est une certitude : Rafael Nadal ne s'est jamais pris pour un autre, et son éducation fait qu'il a toujours écouté ceux qui l'entourent avec la plus grande des attentions. Et c'est loin d'être une mauvaise chose lorsque l'on cherche la voie de la progression.

« Je me souviens de notre première discussion. J'étais capitaine de l'équipe d'Espagne de Coupe Davis, lui avait déjà gagné son premier Roland-Garros, raconte Emilio Sanchez, capitaine de la sélection

« Je voyais de l'arrogance chez Rafael Nadal quand il est arrivé sur le circuit. C'était une erreur. Je me suis rendu compte que ce que je prenais pour de l'arrogance était de l'humilité. »

ibérique entre 2006 et 2008. Je lui ai dit : *Je parle beaucoup. Je ne veux pas être là pour te donner les boissons, je veux essayer de t'aider.* Il m'a répondu : *Il arrive que je m'énerve. J'ai des peurs, et parfois j'ai du mal à comprendre ce qui se passe. Si tu me dis quelque chose, tu peux être sûr que je vais l'appliquer.* C'est le joueur le plus facile à diriger que j'ai connu de toute ma carrière. Il a sa vision du tennis, mais si tu lui ouvres un peu les yeux, il va t'écouter avec intérêt. C'est pour cette raison qu'il a toujours cette connexion très forte avec les membres de son équipe en tribunes : il a toujours besoin d'un appui et d'avoir la confirmation qu'il applique le plan de jeu prévu. »

Quand Toni Nadal décide de prendre de la distance, en 2017, Rafael Nadal se tourne vers l'ancien numéro un mondial Carlos Moya. Ce choix a pu étonner, mais la connexion était évidente : les deux hommes viennent de l'Île de Majorque et ont tissé une relation qui dépasse le cadre du sport.

« Au vu de son palmarès, Rafael Nadal aurait tout à fait pu se dire qu'il n'a pas besoin d'un coach qui, en tant que joueur, n'a gagné qu'un tournoi du Grand Chelem, alors que lui en a remporté beaucoup plus. Et c'est ce que j'apprécie : il fait partie de ces champions qui sont toujours en recherche de performance, dit Émilie Loit, admirative. Je crois énormément au mix de l'entraîneur qui est le technicien et du coach qui a été un ancien champion. Cela démontre le caractère humble et travailleur de Rafael Nadal. »

L'HUMILITÉ AU SERVICE DE LA PERFORMANCE

Frédéric Verdier est persuadé que cette humilité lui a permis de rester compétitif tout au long de sa carrière. « À Doha, en 2014, Rafael Nadal se balade lors de ses trois premiers tours (*succès contre le Tchèque Lukas Rosol, l'Allemand Tobias Kamke et le Letton Ernest Gulbis*). Après sa victoire en quart de finale, il est interviewé sur le court et on l'interroge sur son futur adversaire, l'Allemand Peter Gojowczyk, un joueur très irrégulier et qui, à l'époque, est au-delà de la centième place mondiale.

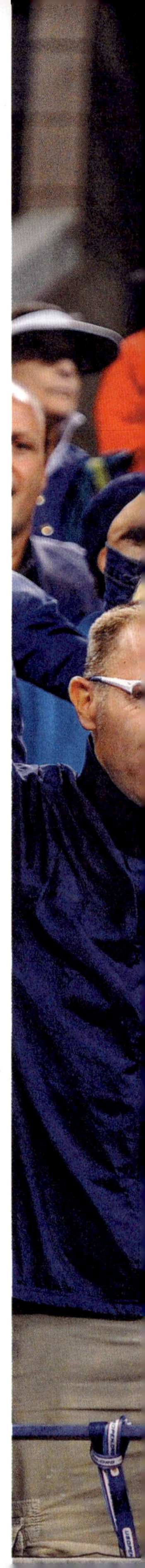

NYC 11
NIKE

Comme souvent, Rafa a répondu de manière très convenue : *J'ai vu jouer Peter cette semaine, il joue vraiment l'acier. Je sais que si je ne suis pas meilleur qu'aujourd'hui, je passerai à la trappe demain !* Je me souviens avoir commencé à ricaner quand je faisais la traduction en direct à la télévision... Mais à la fin de son intervention, je dis à l'antenne : *Vous voyez, ça, c'est énorme. Je suis convaincu que Rafael Nadal pense vraiment ce qu'il vient de dire. Je n'aurais pas la même analyse s'il s'agissait d'un autre joueur. Mais je vous prétends que s'il va écraser son adversaire demain, c'est parce qu'il prend ce joueur-là très au sérieux. En effet, il va s'entraîner de telle sorte qu'il sera dès le premier point à bloc, et à aucun moment il ne va le prendre à la légère.* Et en effet, le lendemain, l'Espagnol gagne contre l'Allemand : 4-6, 6-2, 6-3. Ça en dit long sur son caractère : jamais il ne sous-estime qui que ce soit. »

C'est en effet une constante chez le roi de la terre battue. À Roland-Garros, en 2019, lorsque Rafael Nadal dispute son premier match du tournoi, Paul-Henri Mathieu est assis en tribune. « Il était opposé au jeune Allemand Yannick Hanfmann, un joueur passé par les qualifications et situé au-delà de la cent-cinquantième place mondiale. À la fin du premier point, l'Espagnol s'est encouragé comme s'il n'avait jamais gagné le tournoi... » témoigne l'ancien joueur.

Petite précision : Rafa avait déjà remporté Roland-Garros à onze reprises... Et l'Espagnol ne laissa que des miettes à son adversaire, à la faveur d'un succès en trois sets : 6-2, 6-1, 6-3.
« C'est parce qu'il pense comme ça qu'il a moins d'accidents que beaucoup d'autres, affirme Julien Reboullet. Au premier tour de Roland-Garros, il va jouer contre n'importe quel joueur, il va savoir qu'il est favori, mais va partir du principe qu'il s'agit d'un tennisman professionnel et qu'il peut y avoir un danger. Ce n'est pas juste une posture, c'est un état d'esprit. »

Émilie Loit explique le mode de pensée de l'Ibérique. « C'est peut-être paradoxal, mais ce n'est pas parce qu'on a tant gagné que l'on affiche tout le temps une confiance immense. Quand il arrive à Roland-Garros, il sait qu'il doit avoir cette même rigueur tout le temps. Quand les gens disent que c'est facile pour lui aux Internationaux de France... Non, ce n'est pas simple ! Dès le premier tour, il respecte son adversaire, aussi parce

qu'il sait qu'il ne doit pas passer trop de temps sur le terrain. On voit bien que rien n'est laissé au hasard, notamment sur ses premiers tours, qui lui permettent de trouver ses repères, son rythme dans le tournoi. Il a gagné quatorze fois les Internationaux de France, mais il y a forcément une remise en cause. Il y a eu des éditions du tournoi où il a plus ou moins bien joué, qu'il a gagnées de manière plus ou moins simple… Je pense qu'il s'est toujours dit : *Ok, j'ai gagné, mais pour continuer à dominer, il faut que je continue à travailler, à progresser,* alors que c'est un joueur qui est déjà sensationnel au niveau du tennis, au niveau de tout. »

Dans son ouvrage *Ce sport qui rend fou*, le joueur français Gilles Simon nuance le trait de caractère de Rafa : « Ne me dites pas que Rafael Nadal est humble parce qu'il dit en conférence de presse qu'il n'est pas favori au premier tour de Roland-Garros. Son humilité, elle se voit sur le court, comme lors de ce match contre Zverev (*un deuxième tour en Californie, où Nadal l'emporte en trois manches 6-7, 6-0, 7-5*). C'est ça l'humilité : être dans le présent, malgré le palmarès. Combien Nadal a-t il disputé de quarts de finale à Indian Wells ? Si ça ne lui est pas arrivé dix fois… Eh bien il s'en fichait. Il était comme un gamin. Elle est là son humilité, dans sa capacité à toujours repartir de zéro, pas dans les phrases qu'il fait avant et après les matchs. »

On encourage fortement tous les tennismen à en prendre de la graine. « C'est important d'avoir une vraie humilité intérieure, pas une fausse humilité, d'accepter que ça ne se passe pas toujours bien, on tolère mieux les mauvais moments », expliquait le joueur, quelques jours après son vingt-et-unième titre du Grand Chelem remporté à Melbourne. Comme quoi, il n'est pas qu'un champion sur les courts de tennis.

CHAPITRE 11

UNE ÉPOQUE FORMIDABLE

Il est rare, pour ne pas dire inconcevable, de réaliser une carrière aussi incroyable que celle de Rafael Nadal sans faire face à une concurrence féroce tout au long de son parcours. Dans le cas du Majorquin, on parle de deux créatures affamées lancées à ses trousses. Pour notre plus grand bonheur.

« Les carrières tout aussi fantastiques de Roger Federer et Novak Djokovic ont créé une sorte de stimulation chez Rafael Nadal, estime Arnaud Clément, qui a assisté de près à l'émergence des trois monstres. Ce sont eux qui, en partie, ont poussé l'Espagnol à atteindre ce niveau de jeu. Rafa symbolise le joueur qui est en recherche de savoir comment il pourrait être meilleur demain, constamment à la recherche d'un coup plus performant. »

À toutes fins utiles, rappelons que depuis le début des années 2010, les trois phénomènes se disputent la place du plus grand joueur de l'histoire. Un titre honorifique qui, pour beaucoup, sera définitivement octroyé à celui ayant remporté le plus de tournois du Grand Chelem. Au milieu de l'année 2022, le scénario est somptueux : grâce à son quatorzième titre à Roland-Garros, Rafael Nadal compte vingt-deux Majeurs, soit deux de plus que Roger Federer et un de plus que Novak Djokovic. L'hégémonie de ce trio donne le tournis : il a remporté soixante-trois des soixante-seize derniers tournois du Grand Chelem depuis le premier sacre du Suisse à Wimbledon, en 2003. Tout bonnement renversant. Rarement un sport n'avait connu, à la même époque, trois champions au talent et à la longévité aussi exceptionnels.

Jean-Paul Loth y va de son explication. « Je pense que les uns et les autres se sont améliorés mutuellement. Ce trio, et l'on peut même ajouter Andy Murray, a été béni des dieux. La raison pour laquelle la jeune génération a du mal contre eux, c'est parce qu'ils ont su, tous ensemble, rester au plus haut niveau. Si Rafael Nadal avait été tout seul, il y a bien des fois où il se serait fait cueillir par un jeune joueur. C'est déjà arrivé, mais pas si fréquemment que cela, notamment dans les tournois du Grand Chelem. »

SEUL AU MONDE

Lorsque Rafael Nadal arrive sur le circuit professionnel au début des années 2000, Roger Federer impose sa loi sur les courts du monde entier. Son style aérien, sa facilité sur le court et ses nombreux succès séduisent les fans de tennis en quête d'une nouvelle idole, alors que Pete Sampras et Boris Becker viennent de tirer leur révérence et qu'André Agassi se rapproche de la fin de sa carrière. Entre 2003 et 2005, le Suisse remporte six tournois du Grand Chelem, dont trois sur le gazon de Wimbledon, surface sur laquelle son tennis se joue bien souvent sous la forme d'une partition magistrale. Il est le nouveau patron du circuit masculin, mais l'arrivée fulgurante de Rafael Nadal dans le paysage tennistique va dessiner le début d'une nouvelle ère. Roger était le champion incontesté, Rafa arrive dans la peau du challenger débordant de culot et pétri d'assurance.

« Rafael Nadal est venu sur le circuit à un moment où Roger Federer n'avait pas de rival à proprement parler, rappelle le journaliste suisse René Stauffer, auteur du livre *Roger Federer : La quête de la perfection*. C'est comme s'il était seul. Certes, il y avait Andy Roddick, Lleyton Hewitt ou Marat Safin, mais aucun de ces joueurs n'était à la hauteur du Suisse. »

L'atout du Majorquin, c'est qu'il ne ressemble pas franchement aux adversaires de Roger Federer de l'époque. L'Espagnol a proposé une adversité différente, un style de jeu tout autre. Et à y réfléchir, ce n'était pas une mauvaise chose, ni pour les amoureux de tennis, ni pour le Suisse.

« Si tu es seul leader, tu ne peux pas progresser, analyse Arnaud Di Pasquale. L'arrivée de Rafa a obligé Roger à élever son niveau de jeu, à modifier des aspects de son tennis. »

L'Helvète a trouvé le rival dont il avait besoin pour poursuivre son développement, mais aussi pour donner à sa carrière une tout autre dimension. Quant à Rafa, son irrésistible ascension lui a offert la chance de rivaliser très tôt avec la référence du tennis. Tout en ayant en tête le challenge ultime : dépasser le maître.

UN POISON POUR ROGER FEDERER

Cette rivalité entre ces deux immenses champions, reconnue de manière unanime comme la plus marquante de l'histoire du tennis, plus grande encore que celle entre John McEnroe et Bjorn Borg, se distingue par l'antagonisme entre les deux hommes. En effet, Rafa et Roger possèdent des caractères et des jeux radicalement opposés, ce qui explique la qualité de leurs confrontations et l'engouement qu'elles suscitent.

« Ce sont deux joueurs qui ont beaucoup de différences. L'un est gaucher, Rafael Nadal, l'autre est droitier, Roger Federer, explique René Stauffer. L'Espagnol possède à la base un jeu plutôt mécanique, le Suisse est extrêmement créatif. Mais ce sont deux immenses guerriers. Quand les deux jouaient bien ensemble, on avait le scénario parfait. »

L'autre élément qui rend cette adversité particulière, c'est l'ascendant incontestable qu'a pris Rafa lors des premières oppositions entre les deux rivaux. Généralement, le joueur qui domine sa discipline de la tête et des épaules inflige d'emblée quelques corrections au jeune prétendant. Certains appellent cela l'apprentissage. Mais après sept affrontements, le bilan est à sens unique : six succès pour l'Ibérique, dont quatre en finale, une seule victoire pour Roger. Dix-sept manches remportées par Rafa, seulement neuf par le Suisse.

« C'est une rivalité qui n'a pas commencé de la meilleure des manières pour Roger Federer, rappelle René Stauffer. Il était le numéro un mondial, il était LE joueur à battre, mais Rafael Nadal est parvenu à le dominer la première fois qu'ils se sont affrontés (*à Miami, en 2004*) ! Quand l'Espagnol est arrivé, on a tout de suite vu qu'il avait le jeu adapté pour le renverser. Roger Federer n'avait pas l'habitude de jouer contre des gauchers. Rafa avait un coup droit puissant avec énormément d'effet. Et ce coup droit allait très souvent à hauteur d'épaule sur le revers du Suisse, ce qui lui rendait la tâche difficile. Du coup, l'Ibérique a su exploiter cette faiblesse chez Federer. Il savait quel schéma de jeu adopter contre lui. En 2008, Rafa avait déjà réussi à le dominer sur toutes les surfaces : terre battue, dur

et gazon. Il a forcé Roger Federer à adapter son jeu, à s'améliorer. Il est certain que les deux joueurs se sont poussés pour être meilleurs. »

Du coup, les observateurs ne savent pas sur quel pied danser après ces premières confrontations. Il y a ceux qui pensent qu'il s'agit là des conséquences d'un effet de surprise défavorable à Roger Federer. D'autres estiment que ces premiers résultats sont les signes d'une tendance qui pourrait bien perdurer.

« Je me souviens avoir dit assez tôt que Roger Federer était le meilleur joueur au monde et que Rafael Nadal était meilleur que lui, se souvient le journaliste sportif Frédéric Viard. On sentait que l'Espagnol n'avait pas cette domination que pouvait avoir le Suisse sur tous ses adversaires, quelle que soit la surface de jeu. Mais il était la kryptonite de Roger Federer. »

Sur terre battue, Rafael Nadal se montre intraitable envers son glorieux aîné : il devient le maître indiscutable de la surface, reléguant Roger Federer au rang d'élève. L'Espagnol remporte, en toute logique, les quatre finales qui les opposent à Roland-Garros. Sans compter des victoires à Rome, Hambourg, Madrid ou Monte-Carlo...

« Roger Federer a souffert de cette série de défaites contre Rafael Nadal, surtout sur terre battue, où ces revers à répétition l'ont frustré et lui ont sans doute fait perdre un peu de confiance », confie René Stauffer.

En 2008, le Majorquin humilie même le Suisse en finale des Internationaux de France après une démonstration de tennis : 6-1, 6-3, 6-0, en seulement une heure et quarante-huit minutes. Jamais Roger Federer n'a été à ce point impuissant pendant une finale d'un tournoi du Grand Chelem.

Ces multiples succès de prestige ont rendu Jean-Paul Loth « admiratif de la manière avec laquelle l'Espagnol a réglé le compte de Roger Federer à chaque finale de Roland-Garros. Quelle que soit l'envie de gagner du Suisse, Rafael Nadal a toujours été plus solide grâce à son jeu sur terre battue. Il a installé dans la tête de son rival une espèce de vermisseau qui le ronge et je suis sûr que Roger Federer finissait par penser qu'il ne pouvait pas gagner une rencontre. À chaque fois que je regardais leurs matchs, je me disais que l'issue était inéluctable. C'est très fort de la part de l'Espagnol ».

Frédéric Viard a aussi perçu cette forme de fatalité, au gré des affrontements entre les deux rivaux sur ocre. « La finale de Rome, en 2006, est la dernière fois où j'ai vu Federer pratiquer un jeu d'attaque et tenter de le battre avec son tennis à lui. Il a deux balles de match, mais finit par perdre la rencontre. Il faut se souvenir que Roger Federer racontait souvent que ce qui lui plaisait, c'était de battre ses adversaires avec leurs armes à eux. Et je pense qu'il a essayé d'appliquer cela avec Rafael Nadal : le dominer avec un jeu de terrien. J'ai l'impression qu'après cette défaite, il n'a fait que s'enfoncer un peu plus et que Rafa était rentré dans sa tête. »

VICTOIRE MYTHIQUE À WIMBLEDON

L'appétit de Rafael Nadal grandit au fur et à mesure de son début de carrière tonitruant. Sa domination sur terre battue étant établie, l'Espagnol tente de concurrencer son rival sur les autres surfaces. Cela ne tardera pas : le Majorquin atteint à deux reprises la finale de Wimbledon, en 2006 et en 2007. Et s'il s'incline à chaque fois face au Suisse, celle de 2007, qu'il perd en cinq manches, livre un enseignement majeur : le trône peut vaciller n'importe où, tant que Rafa affichera une telle détermination.

« Avant la saison sur herbe se déroulait celle sur terre battue, rappelle René Stauffer. Et Rafael Nadal avait l'habitude de remporter quatre ou cinq tournois avant de jouer sur gazon. D'une certaine manière, il n'avait rien à perdre à Wimbledon, alors que chez Roger, la démarche était différente. »

Et lorsque Rafael Nadal renverse Roger Federer dans son jardin de Wimbledon, à tout juste vingt-deux ans... Ce jour de juillet 2008, l'Espagnol, dénué de tout complexe, commet un crime de lèse-majesté et envoie un message à la planète tennis. À l'issue d'une finale homérique disputée en cinq manches accrochées, le Taureau de Manacor atteint l'apothéose, mais il évacue aussi ses premières frustrations. « J'avais si peur d'une autre défaite — pas pour moi, mais pour Rafael », raconte le papa du champion,

« Les carrières tout aussi fantastiques de Roger Federer et Novak Djokovic ont créé une sorte de stimulation chez Rafael Nadal. »

Babolat
UNIQLO

Sebastian. J'avais gardé, gravée dans mon esprit, cette image de lui effondré, complètement détruit, après la finale de 2007, et je ne voulais pas revoir cela. Et je me disais, s'il perd, que puis-je faire, qu'est-il en mon pouvoir de faire, pour atténuer son traumatisme ? C'était le match de sa vie ; le jour suprême. Une terrible épreuve pour moi. Jamais je n'ai éprouvé une telle angoisse. »

> *« Je me souviens avoir dit assez tôt que Roger Federer était le meilleur joueur au monde et que Rafael Nadal était meilleur que lui. »*

Pascal Maria, qui officiait sur la chaise d'arbitre lors de cette finale, a les yeux pétillants à l'évocation de cette rencontre d'anthologie. « Ce match m'a vraiment marqué. Il faut se rappeler qu'en 2008, Rafael Nadal et Roger Federer sont deux champions en devenir. Ce qu'ils ont fait après cette finale est encore plus grandiose que ce qu'ils ont accompli avant. Pour autant, je ne risque pas d'oublier l'arrivée sur le terrain de ces deux champions, qui plus est sur le gazon mythique de Wimbledon... À la base, j'adore le tennis, même si je n'ai pas été un très bon joueur, et je suis témoin d'une partie qui est incroyable. Le tennis proposé par les deux joueurs est juste fantastique. J'en ai la chair de poule quand j'en parle, parce qu'en tant que fan, j'ai pris un pied absolu, divin, d'arbitrer ce match. De voir d'un côté Roger Federer, avec tout ce qu'il représente à Wimbledon, et d'avoir Rafael Nadal, de l'autre côté, qui vient le bousculer sur ses terres, c'est fantastique... Techniquement, avec sa multitude de coups de génie, cette finale a atteint des sommets. »

Après cette victoire historique sur l'herbe londonienne, le Majorquin fait coup double : il chipe au Suisse la place de numéro un mondial, mais surtout, il démontre que détrôner Roger Federer dans son jardin est

loin d'être un doux rêve. Ce dernier ne parviendra jamais à lui rendre la pareille : le dompter sur la terre battue de Roland-Garros.
Le coup est rude pour l'esthète du tennis mondial, qui évoquera cette finale comme étant « la pire défaite de ma carrière, un désastre ». D'autant plus que ce coup de massue n'était pas vraiment dans l'ordre des choses.

« En 2008, Roger Federer venait d'être battu à Roland-Garros très sèchement. Mais il était très motivé à l'idée de remporter Wimbledon, se souvient René Stauffer. Il a très bien joué avant ce match contre Rafael Nadal. Et cette défaite en finale... Il ne pouvait pas l'accepter au vu des circonstances. Avec les interruptions dues à la pluie, le match s'est terminé dans l'obscurité. Les organisateurs auraient pu l'arrêter mais ils ne l'ont pas fait. Et Roger a eu beaucoup de mal à voir la balle dans les derniers jeux. Je ne l'ai jamais vu aussi abattu qu'à l'issue de cette rencontre. Il l'a dit après la finale : *Je suis détruit*. C'est la défaite la plus difficile de toute sa carrière. C'est une défaite plus dure encore que celle en finale de l'Open d'Australie en 2009, parce que Wimbledon est beaucoup plus important dans son cœur. Cette série de désillusions qu'il a subies en finales de Grand Chelem contre Rafael Nadal, à Roland-Garros 2008, et à Wimbledon la même année, c'était trop pour le Suisse. »

Entre mars 2004 et janvier 2009, les deux génies s'affrontent à dix-neuf reprises, dont sept fois en finale de tournois du Grand Chelem. Leur rivalité est installée : désormais on observe dans les tribunes des plus grands courts des drapeaux suisses et des drapeaux espagnols à profusion, les pro-Federer et les pro-Nadal, les amoureux de l'élégance et de la facilité du maestro, et ceux qui vénèrent la puissance, l'insouciance et la force de caractère du Taureau de Manacor.

« TONI NADAL S'EST MIS À SANGLOTER »

Pour les deux joueurs, chaque confrontation revêt une importance majeure. En finale de l'Open d'Australie, en 2009, Roger Federer retrouve son nouveau cauchemar. Et les larmes couleront sur le visage du Suisse. Encore une fois, l'Espagnol, ébouriffant de bout en bout, a le dernier mot.

Sa joie est indescriptible, l'Helvète, meurtri et subissant une quatrième défaite consécutive face à Rafa, évoque « une défaite qui fait très mal ».

« Peut-être que c'est un élément qui a attisé la motivation de Rafael Nadal lorsqu'il affronte Roger Federer, mais Toni Nadal a toujours eu une vraie adoration pour le Suisse, raconte le journaliste sportif Julien Reboullet. Pour lui, même sur terre battue, ce n'est jamais normal que Roger Federer soit battu par Rafael Nadal. C'est assez drôle, parce qu'à un moment donné, Rafa menait quand même dix-huit victoires à neuf dans leurs face-à-face ! En 2009, quand le Majorquin s'impose en finale de l'Open d'Australie, Toni Nadal s'est mis à sangloter en parlant de Roger Federer qui pleurait également. Cette admiration, il l'a transmise à son neveu tout en ayant en tête que cela faisait partie de son histoire de battre le Suisse. »

La destinée de Rafael Nadal était-elle de croiser Roger Federer sur sa route ? Sans doute. Ce qui est certain, c'est que l'Espagnol a trouvé l'adversaire idéal, celui qui lui permet de cocher toutes les cases de son projet de carrière : relever les défis les plus utopiques, écrire sa propre légende, tenter de se rapprocher le plus possible de la perfection. Et pour Rafa, la perfection se nomme Roger Federer, pour qui il a une estime infinie.

En 2017, après sa défaite en finale de l'Open d'Australie contre Roger, à une période où le Suisse reprend la main sur cette rivalité, l'Espagnol a sorti la boîte à compliments et envoyé toutes les louanges possibles en direction de son meilleur ennemi. « Il a un service parfait, une volée parfaite, un coup droit plus que parfait, un revers parfait, il est plus que rapide, tout est parfait chez lui. »

« La rivalité sur le court est si importante que tu en viens naturellement à détester ton adversaire, explique Jean-Paul Loth. Quand le match est terminé, tu ne vas pas au pub d'à côté boire une bière avec le joueur qui vient de te battre ou que tu as dominé. Comme tous les grands champions, l'Espagnol n'est pas ami avec ses principaux rivaux. En France, on a eu l'exemple avec Yannick Noah, Guy Forget et Henri Leconte. Ils passaient de bons moments ensemble, mais ce n'était pas vraiment le grand amour sur un court de tennis. Rafael Nadal et tous les cadors de ce sport fonctionnent de la même manière. Il n'y a qu'à voir les regards qu'ils se jettent lorsqu'ils s'affrontent ! Mais Roger Federer et Rafael Nadal ont eu une rivalité très saine. Ils semblent déjà beaucoup s'apprécier et vont s'adorer quand ils tireront leur révérence. »

UN RESPECT MUTUEL

S'être affrontés autant de fois, avoir dominé ensemble le jeu pendant si longtemps, a en effet permis à Roger Federer et Rafael Nadal de tisser des liens qui dépassent le cadre du sport.

René Stauffer ouvre le livre des souvenirs. « Je me rappelle qu'une année, Roger Federer était présent au tournoi de Bâle, en Suisse, et Rafael Nadal est venu uniquement pour présenter ses excuses aux organisateurs parce qu'il avait dû déclarer forfait. Il était encore très jeune. Le Suisse a appris que ce dernier se trouvait en ville. Il a alors pris la décision de l'appeler à son hôtel puis d'aller le voir pour discuter. C'était un moment assez spécial : Rafael Nadal était encore très timide, Roger Federer, de son côté, voulait avoir une relation personnelle avec le Majorquin. Il appréciait le fait d'avoir un concurrent qui soit à sa hauteur. En tant qu'amoureux de ce sport, il aime les grands joueurs de tennis, et il est devenu un admirateur de Rafa. Ce qui les lie n'est peut-être pas une amitié à proprement parler, mais il y a entre eux un immense respect. Ils se sont beaucoup côtoyés, au-delà de leurs batailles sur les courts de tennis. Et ils n'ont presque jamais eu de différends. »

Preuve de la bonne entente qui existe entre les deux joueurs, les deux phénomènes disputent en 2007 la « bataille des surfaces », un match exhibition destiné à promouvoir le tourisme aux Baléares. À Majorque, sur un court recouvert à moitié de gazon et de terre battue, le duel se déroule dans une ambiance bon enfant. Mais il fallait bien un vainqueur... et c'est l'Espagnol qui eut le dernier mot, en trois sets : 7-5, 4-6, 7-6. Neuf ans plus tard, Roger Federer répond à l'invitation de Rafa et se rend à Manacor, la ville natale du Majorquin, pour assister à l'inauguration officielle de l'Académie de tennis de son rival, la Rafa Nadal Academy.

« Cette admiration, il l'a transmise à son neveu tout en ayant en tête que cela faisait partie de son histoire de battre le Suisse. »

"

J'ai toujours eu un immense respect pour mon ami Rafa en tant que personne et champion.

Plus récemment, le public a eu le plaisir de les voir évoluer ensemble, en double, à la Rod Laver Cup, compétition organisée par le Suisse. Les images montrant les éternels rivaux hilares entre deux points ont fait le tour du monde. La journaliste suisse Isabelle Musi, qui gérait les entretiens entre les joueurs et les reporters lors de la compétition, se souvient du respect que se montraient les deux champions. « Un moment, je discutais avec Roger Federer, alors que Rafael Nadal répondait à une chaîne de télévision. On attendait que Rafa finisse pour que ce soit son tour. Et il a commencé à me parler de Rafael Nadal : *Tu sais, il est tellement génial, dans une compétition comme cela, il a un tel esprit d'équipe.* Il était dithyrambique ! Je lui ai répondu : *Ah oui tu es vraiment admiratif !* »

En février 2020, leur exhibition en Afrique du Sud, pays d'origine de la mère de Roger Federer, illustre le pouvoir d'attraction des deux joueurs. Au Cap, ces géants de la balle jaune ont joué en toute décontraction ce « Match for Africa » devant plus de 50 000 fans. Jamais, dans l'histoire de ce sport, un match n'avait attiré autant de spectateurs. L'absence d'enjeu n'enlève en rien le caractère exceptionnel d'une telle confrontation. Pour un passionné de tennis, voir un jour Roger Federer échanger des balles avec Rafael Nadal, c'est comme rencontrer le Pape pour certains, ou assister à un concert des Rolling Stones pour d'autres.

Quand Rafael Nadal remporte le tournoi de Roland-Garros pour la treizième fois, Roger Federer rend un vibrant hommage à son ennemi préféré, alors que ce dernier revient à sa hauteur avec un vingtième titre du Grand Chelem. « J'ai toujours eu un immense respect pour mon ami Rafa en tant que personne et champion. Il a été mon plus grand rival pendant des années, je pense que nous nous sommes poussés l'un et

l'autre à devenir de meilleurs joueurs. C'est pourquoi c'est un honneur pour moi de le féliciter pour sa vingtième victoire en Grand Chelem. C'est fantastique qu'il soit parvenu à remporter Roland-Garros treize fois, c'est l'un des plus grands exploits de l'histoire du sport. Je félicite aussi son équipe, car personne ne peut accomplir tout cela seul. J'espère que ce vingtième titre n'est qu'une nouvelle étape de notre voyage, à tous les deux. Bien joué Rafa. Tu le mérites. » Inséparables, dans le respect et l'adversité.

À la fin de l'année 2022, Rafael Nadal et Roger Federer, vainqueurs à eux deux de cent-quatre-vingt-quinze tournois (!), se sont affrontés à quarante reprises. Avec vingt-quatre succès, l'Espagnol mène aux points et, sauf scénario improbable, en raison de leur âge avancé — trente-six ans pour Rafael Nadal, quarante-et-un pour Roger Federer —, il ne devrait plus être rejoint par le Suisse. Cette domination participe à la légende de l'Espagnol, mais elle s'inscrit aussi en opposition avec ce que représente le champion pour le plus grand nombre : un numéro deux, un éternel challenger qui aura passé sa carrière à chasser le maître.

RAFA ET NOVAK

La rivalité entre Rafael Nadal et Novak Djokovic est sans doute moins marquante pour le grand public, mais elle est toute aussi mythique. De par le nombre de confrontations, tout d'abord. Avec cinquante-neuf matchs (trente victoires pour le Serbe, vingt-neuf pour l'Espagnol), cette opposition est la plus prolifique de l'histoire du tennis masculin. C'est bien simple : entre 2006 et 2022, Rafa et Djoko ne se sont jamais quittés : il n'y a pas une année durant laquelle ils n'ont pas disputé au moins un match.

Comme Roger Federer, Novak Djokovic connaît un début de rivalité très compliqué : il perd seize des vingt-trois premières confrontations, se fait naturellement rosser à Roland-Garros et permet à l'Espagnol de devenir le plus jeune joueur à s'offrir les quatre levées du Grand Chelem, à l'Us Open, en 2010. Le déclic du Serbe intervient entre mars 2011 et janvier 2012, période durant laquelle il remporte sept finales consécutives face à Rafa, dont trois en Grand Chelem, à Wimbledon, l'Us Open et l'Open d'Australie !

Rafael Nadal et Novak Djokovic ont disputé sept matchs dont le temps de jeu a dépassé les quatre heures. Incontestablement, les deux joueurs nous ont offert quelques-uns des plus beaux duels de l'histoire de ce sport, des batailles des plus épiques, celles qui voient deux guerriers ne rien lâcher et se rendre coup pour coup jusqu'au bout de la nuit, plongeant le public dans une délicieuse ivresse. Leur demi-finale à Wimbledon, en 2018, remportée par le Serbe, en est une parfaite illustration quand leur finale de l'Open d'Australie, en 2012, disputée en cinq heures et cinquante-trois minutes (et terminée à quasiment deux heures du matin), reste à ce jour la plus longue dans un tournoi du Grand Chelem. La victoire de Djoko, en demi-finale de Roland-Garros en 2021, rappelle également de biens beaux souvenirs au public français. Il n'y a qu'à voir l'engouement provoqué par leur affrontement à Roland-Garros, en 2022, remporté par Rafa, pour se rendre compte que chaque duel est un épisode immanquable d'une série fleuve.

« Je l'ai affronté plus que quiconque dans ma carrière, déclarait Novak Djokovic, la veille de leur finale aux Internationaux de France en 2020. Je pense que nos face-à-face sont un record dans l'histoire du sport. Il est définitivement mon plus grand rival. Nous avons fait tellement de grands matchs que cela a fait naître un respect mutuel. Et nous savons tous les deux qu'il nous faut être à notre maximum pour espérer battre l'autre. »

Rafa a trouvé en Novak Djokovic un compagnon de jeu idéal à Roland-Garros, celui qui vous oblige à maintenir un niveau de concentration et de jeu optimal année après année. Lors de l'édition 2022, les deux ogres du circuit sont devenus les premiers joueurs à s'affronter dix fois dans un même tournoi du Grand Chelem. Avec deux victoires, en 2015 et en 2021, le Serbe a réalisé un exploit dont ne peut se vanter Roger Federer, à savoir dominer l'Espagnol sur sa terre fétiche des Internationaux de France.

UNI
QLO
ROLAND GARROS
SIMPLE MESSIEURS

Novak Djokovic l'a aidé à être un bien meilleur joueur. »

« C'est probablement le seul qui est capable de battre Rafa sur terre quand les deux sont à leur top niveau », dit Rodolphe Gilbert, au grand dépit des fans de Roger Federer.

Le Serbe est un formidable compétiteur, un athlète aux qualités physiques et mentales hors du commun, et certainement le meilleur joueur sur dur de l'histoire. Le recordman du nombre de semaines passées au rang de numéro un mondial a bien souvent battu Rafa sur cette surface, poussant ce dernier à établir un plan de jeu pour parvenir à contrer son adversaire, ce qu'il n'a plus fait depuis 2013, lors de la finale de l'Us Open. Mais le niveau de jeu affiché lors de leurs confrontations a contribué à faire du Majorquin un joueur redoutable sur ce revêtement, ce qui n'était pas le cas en début de carrière. Si Rafa a gagné trois de ses sept derniers titres du Grand Chelem sur cette surface — deux à l'Us Open et un à l'Open d'Australie — Novak Djokovic n'y est sans doute pas étranger.

« Novak Djokovic est peut-être le joueur qui a le plus cherché à travailler pour progresser. Sans doute parce qu'il était derrière Rafa et Roger, explique l'ancien joueur Thierry Champion. Je pense que c'est celui qui est le plus complet dans sa manière de jouer : il prend la balle plus tôt, il est aussi fort en coup droit qu'en revers, il sert très bien, il est extrêmement physique et c'est un monstre mental. Tout cela sans donner l'impression de forcer. Rafa était obligé de progresser pour rivaliser avec lui. Novak Djokovic l'a aidé à être un bien meilleur joueur. »

Ceci étant dit, cette rivalité diffère de celle entre Rafa et Roger sur un point : le Serbe et l'Espagnol n'ont pas le profil de deux amis qui iraient passer leurs vacances ensemble sur une île paradisiaque. Il n'y a qu'à voir leur accolade furtive à la fin de leur dernier affrontement à Roland-Garros, en 2022, pour s'en convaincre.

« Ils ont l'air diamétralement opposés dans leur façon de faire, fait remarquer Rodolphe Gilbert. C'est un avis tout à fait personnel, mais je pense que quand Rafa bat Roger Federer dans un tournoi du Grand Chelem, il est un peu gêné pour lui. Quand il domine Novak Djokovic, il ne va pas culpabiliser. Il n'aime vraiment pas perdre contre lui. »

Dans cette rivalité à trois, Novak Djokovic conserve cette image du vilain petit canard, celui qui a osé bouleverser l'ordre établi. Le Serbe n'y peut pas grand-chose, mais… « L'opposition mythique, ça reste Nadal contre Federer, estime Julien Reboullet. Il y a une connexion beaucoup plus forte entre Nadal et Federer qu'entre Rafa et Djokovic, à la fois dans la façon d'avoir vécu leur histoire commune et dans la façon de voir les choses. Il n'y a qu'à voir les divergences, il y a quelques années, entre le Suisse et l'Espagnol d'un côté, et le Serbe de l'autre. »

LA COURSE À L'HISTOIRE

Rafael Nadal, avec tous les problèmes physiques qu'il a connus, aurait-il écourté sa carrière si Novak Djokovic et Roger Federer ne l'avaient pas convié à ce combat à trois ?

En 2019, le Majorquin répondait à cette question. Sans grande conviction.

« Avec le cœur, je vous réponds que je ne sais pas… Pas facile cette question, parce qu'au final, ce qu'ils accomplissent peut très bien avoir un impact sur moi. Je veux croire que ce n'est pas le cas, que je maintiens ma motivation par moi-même et que ça n'est pas lié à eux. Mais… non, je ne peux pas répondre avec certitude à cent pour cent à ça. »

La certitude, c'est qu'à trente-six ans, Rafael Nadal est toujours sur les courts de tennis. Son envie de jeune premier demeure intacte, malgré la souffrance qui semble l'affecter de plus en plus au quotidien. Son ennemi préféré, Roger Federer, de cinq ans son aîné, n'a toujours pas tiré sa révérence. Comme si l'un et l'autre ne pouvaient faire le deuil de leur rivalité historique, comme si le temps n'avait pas d'emprise sur leur amour du jeu et leur émulation.

Pour la Française Alizé Cornet, il ne faut pas aller très loin pour comprendre ce qui continue de motiver le Majorquin et ses comparses. « Il y a forcément cette course à l'histoire avec Roger Federer et Novak Djokovic. Quoi qu'ils en disent, je pense qu'ils se sont tous les trois pris au jeu. Ils savent très bien qu'ils sont en train d'écrire l'une des pages les plus mémorables de l'histoire du tennis, et je pense que cela les tire vers le haut. Et comme ce sont trois grands compétiteurs, ils ont forcément envie de se dépasser les uns les autres. J'imagine que Rafael Nadal y pense, même si lui est surtout animé par le plaisir qu'il semble encore ressentir quand il est en bonne santé sur le court. »

Le 30 janvier 2022, lorsque Rafael Nadal devient le seul homme à détenir vingt-et-un titres du Grand Chelem, celui-ci ne montre pas un grand intérêt au débat autour de la question du plus grand joueur de tous les temps. « Je me fiche un peu de savoir si je suis le meilleur, ou l'un des meilleurs de l'histoire. Avoir réussi à conquérir mon second Open d'Australie signifie plus que tout, là, maintenant. » Avant de glisser le secret de sa réussite. « L'amour du jeu, la passion, une attitude positive et un état d'esprit voué au travail. Et de bonnes personnes pour m'aider, chaque jour. »

Qui parlait de guerrier ultime ?

RÉFÉRENCES BIBLIOGRAPHIQUES

CHAPITRE 1 « UN JOUEUR UNIQUE »

Rafael Nadal & John Carlin, *Rafa*, Éditions J'ai Lu, 2013, pages 150, 151.

Fabrice Sbarro, Tennis - *Quel joueur êtes-vous ?*, Éditions Amphora, 2018.

John McEnroe, *La beauté d'une éruption volcanique : McEnroe raconte le roi de la terre battue, Nadal*, Groundbreakers, mis en ligne le 29/05/2022, disponible à l'adresse : https://www.eurosport.fr/tennis/renault-groundbreakers-la-beaute-d-une-eruption-volcanique-mcenroe-raconte-le-roi-de-la-terre-battue-nadal_vid1685843/video.shtml

CHAPITRE 2 « LE COMPÉTITEUR NÉ »

Rafael Nadal & John Carlin, *Rafa*, Éditions J'ai Lu, 2013, page 273.

Carlos Gonzales Lucay, *Roger Federer : « Marcelo Rios era una especie de jugador perfecto »*, eldeportivo, mis en ligne le 23/11/2019, disponible à l'adresse : https://www.latercera.com/el-deportivo/noticia/federer-rios-jugador-perfecto/912761/

ATP Staff, *The Day Nadal Won His First Emirates ATP Rankings Point*, mis en ligne le 21/08/2017, ATP Tour, disponible à l'adresse : https://www.atptour.com/en/news/nadal-2017-first-atp-point-sevilla-challenger

Mats Wilander, *L'œil de Mats Wilander : Rien n'est inhumain chez Rafa, c'est même exactement l'inverse*, L'Équipe, 31 janvier 2022.

Julien Reboullet, *Rafael Nadal champion des champions L'Équipe Monde : « Être aux JO à Paris, ce serait un rêve »*, L'Équipe, 27 décembre 2019.

Rafael Nadal & John Carlin, *Rafa*, Éditions J'ai Lu, 2013, page 55.

Le tennis espagnol, Tennis Magazine, avril 2018.

CHAPITRE 3 « RENTRER DANS SA BULLE »

Mats Wilander, *Wilander : « Nadal me touche »*, L'Équipe Magazine, 31 mai 2013.

Rafael Nadal & John Carlin, *Rafa*, Éditions J'ai Lu, 2013, pages 34,35.

Aldo Cazzulo, *Nadal : « Djokovic e le sue imitazioni ? Non mi ofendo mai. Federer ? Uno dei piu grandi della storia »*, Corriere della sera, mis en ligne le 03/11/2020, disponible à l'adresse : https://www.corriere.it/sport/20_novembre_01/rafael-nadal-intervista-djokovic-federer-7dabe1b4-1b8d-11eb-be91-5d9fe2674d18.shtml

Jon Wertheim, *Rafael Nadal on his island home, his rivalry with Roger Federer, and his family*, 60 minutes sports, mis en ligne le 12/01/2020, disponible à l'adresse : https://www.cbsnews.com/news/rafael-nadal-on-his-island-home-his-rivalry-with-roger-federer-and-his-family-60-minutes-2020-01-12/

Rafael Nadal & John Carlin, *Rafa*, Éditions J'ai Lu, 2013, page 38.

CHAPITRE 4 « L'ÉLU DE LA TERRE BATTUE »

Dailymotion, *Regrets, souvenirs, JO, ... Stan Wawrinka et Benoit Paire se confient encore !*, [vidéo], Tennis Actu TV, 2020, disponible à l'adresse : https://www.dailymotion.com/video/x7tje80

Franck Ramella, *Selon Ivan Ljubicic, « Une statue, ça ne suffit pas » pour honorer la carrière de Rafael Nadal à Roland-Garros*, L'Équipe, 6 juin 2022.

CHAPITRE 5 « GUERRIER GAUCHER »

Rafael Nadal & John Carlin, *Rafa*, Éditions J'ai Lu, 2013, page 49.

Guy Azémar, *L'homme asymétrique*, Éditions CNRS Éditions, 2003.

CHAPITRE 6 « UNE LONGEVITÉ STUPÉFIANTE »

David Loriot, *Carlos Moya sur Rafael Nadal : « Il fut tout proche de perdre, mais il a survécu »*, L'Équipe, 6 juin 2022.

David Loriot, *Rafael Nadal : « Je ne veux pas continuer à jouer ainsi »*, L'Équipe, 6 juin 2022.

CHAPITRE 8 « LE TRAVAIL COMME UNE ÉVIDENCE »

Julien Reboullet, *Rafael Nadal champion des champions L'Équipe Monde : « Être aux JO à Paris, ce serait un rêve »*, L'Équipe, 27 décembre 2019.

Javier Mendez, *Bautista Agut's coach: training with Nadal 'improves every aspect of your game'*, ATP Tour, mis en ligne le16/01/2021, disponible à l'adresse : https://www.atptour.com/en/news/vendrell-bautista-agut-january-2021

CHAPITRE 9 « L'ÉVOLUTION DE SON JEU »

Julien Reboullet, *Rafael Nadal champion des champions L'Équipe Monde : « Être aux JO à Paris, ce serait un rêve »*, L'Équipe, 27 décembre 2019.

Vincent Cognet, *Wimbledon : comment Rafael Nadal a transformé son jeu pour briller sur gazon*, L'Équipe, 12 juillet 2019.

Mats Wilander, *L'œil de Mats Wilander : Rien n'est inhumain chez Rafa, c'est même exactement l'inverse*, L'Équipe, 31 janvier 2022.

CHAPITRE 10 « UNE STAR PAS COMME LES AUTRES »

Rafael Nadal & John Carlin, *Rafa*, Éditions J'ai Lu, 2013, page 80.

Gilles Simon, *Ce sport qui rend fou*, Éditions Flammarion, 2022.

CHAPITRE 11 « UNE ÉPOQUE FORMIDABLE »

Rafael Nadal & John Carlin, *Rafa*, Éditions J'ai Lu, 2013, pages 37,38.

Julien Reboullet, *Rafael Nadal champion des champions L'Équipe Monde : « Être aux JO à Paris, ce serait un rêve »*, L'Équipe, 27 décembre 2019.

Crédits photo :
Corinne Dubreuil
https://www.corinnedubreuil.com/

Couverture et conception graphique :
Lionel Rousseau

Suivi éditorial :
Line-Marie Gérold et Marion Quinconneau

Mise en page :
EliLoCom

Relecture :
Delphine Dubois

Imprimé par
Printcorp

Éditions Amphora – Octobre 2022
ISBN : 978 275 760 554 7